管 理 研 究

2015 年第 2 辑

邓大松　向运华　主编

中国金融出版社

责任编辑：肖丽敏
责任校对：张志文
责任印制：陈晓川

图书在版编目（CIP）数据

管理研究.2015年.第2辑/邓大松，向运华主编.—北京：中国金融出版社，2018.12
ISBN 978 - 7 - 5049 - 9878 - 1

Ⅰ.①管…　Ⅱ.①邓…②向…　Ⅲ.①管理学—研究　Ⅳ.①C92

中国版本图书馆 CIP 数据核字（2018）第 279558 号

出版
发行　**中国金融出版社**

社址　北京市丰台区益泽路 2 号
市场开发部　（010）63266347，63805472，63439533（传真）
网上书店　http://www.chinafph.com
　　　　　　（010）63286832，63365686（传真）
读者服务部　（010）66070833，62568380
邮编　100071
经销　新华书店
印刷　北京市松源印刷有限公司
尺寸　169 毫米 ×239 毫米
印张　5.75
字数　80 千
版次　2018 年 12 月第 1 版
印次　2018 年 12 月第 1 次印刷
定价　30.00 元
ISBN 978 - 7 - 5049 - 9878 - 1
如出现印装错误本社负责调换　联系电话（010）63263947

目 录
○○○ contents

（2015 年第 2 辑）

协同视角下居家养老服务人才培养机制研究[*]

◎周红云　郑　好

中南财经政法大学公共管理学院，湖北武汉，430073

摘　要：我国已经进入人口老龄化社会，养老问题成为备受关注的社会问题，居家养老是应对人口老龄化的最佳选择。然而我国居家养老服务人才严重短缺，成为制约居家养老服务发展的瓶颈。本文从协同的视角，研究居家养老服务人才培养机制，探讨了高等院校、政府、养老机构、企业和社区，如何协同联合培养数量充足、结构合理、素质优良的养老服务人才队伍，为居家养老服务业的发展提供有力的人才支撑。

关键词：人口老龄化　居家养老　养老服务人才　协同培养

一、问题的提出

我国人口老龄化形势日益严峻，据最新人口统计数据，截至 2013 年底，我国共有 13.61 亿人口，其中，60 岁以上的老年人口为 2.02 亿人，占总人

　＊　本文系湖北省人文社科重点研究基地创业与就业研究中心资助项目"养老服务社会创业体系研究"（31540920802）；湖北省高校省级教学改革研究项目"跨学科协同创新的研究生培养机制研究"（2013167）；湖北省教育科学"十二五"规划课题"研究生跨学科协同创新的实证研究"（2014B025）。

口的 14.9%，[①] 高于联合国所界定的 10% 的人口老龄化标准。据测算，到 2025 年我国老年人口将突破 3 亿人，2050 年将突破 5 亿人，届时老年人口将占总人口的 35%。人口老龄化影响着我国经济和社会各项事业的发展，养老问题成为当今社会各界广泛关注的重大社会问题。

"十二五"规划纲要将"建立以居家为基础、社区为依托、机构为支撑的养老服务体系"列为国家应对人口老龄化战略的重要内容，居家养老模式将成为应对人口老龄化的最佳选择。居家养老服务的发展依赖于养老服务人才，然而，现阶段我国养老服务业人才培养存在规模小、层次单一、质量参差不齐等问题，养老服务人才供不应求，一定程度上制约了养老服务业的快速发展。[②] 培养符合社会需求的养老服务人才，对于推动养老服务业的发展，应对人口老龄化，具有重要的现实意义。

二、居家养老服务：应对人口老龄化的最佳选择

居家养老是以家庭养老为主，社区机构养老为辅，在照料居家老人服务方面，又以上门服务为主，托老所服务为辅的整合社会各方力量的养老模式。它是把家庭养老和机构养老的最佳结合点集中在社区，让老人住在自己家里，在继续得到家人照顾的同时，由社区的有关服务机构和人士为老人提供上门服务或托老服务满足老年人的生活需求。与其他养老模式相比，居家养老服务具有以下优势。

1. 符合老年人心理需求

马斯洛需求理论认为人类的需要是分层次的，由低到高。当低层次的需求相对满足了，就会向高一层次需求发展。随着社会经济快速发展，老年人除了生理等比较低层次的需要外，还有归属、自尊以及自我实现三大心理需要。居家养老模式满足了老人的多样化和差异性的心理需要。

---

① 全国老龄工作委员会办公室：在全国老龄工作委员会办公室新闻发布会上的讲话，http://www.cncaprc.gov.cn/contents/7/4900.html。

② 教育部等九部门关于加快推进养老服务业人才培养的意见，http://education.news.cn/2014-07/04/c_126708056.html。

2. 经济和社会效益高

和一般养老机构相比，居家养老服务大大节省了基础建设和配套设施费用。另外，政府通过购买服务和补贴服务，支援居家养老服务机构，还有志愿者的无私奉献以及社会各方面的物资捐助和现金捐赠也给予居家养老服务更多、更大的支持。

3. 养老成本较低

居家养老服务是把家庭养老和机构养老集中在社区，让老人住在自己家里得到生活上的日常照顾。对消费者而言，相对于入住专业养老机构，居家养老服务使老年人用更少的花费可以享受到相同的照顾，居家养老方式更受广大消费者的青睐。

三、协同培养居家养老服务人才的必要性

随着社会经济发展水平的不断提高，养老服务需求逐年增加并呈现多样化趋势，然而我国面临着养老服务人才短缺的严重问题。与此同时，国内养老服务机构出现了人才大量流失的现象，更加剧了养老服务人才的缺口。以护士和养老护理员为例，根据中华护理学会的统计数字，目前我国护士缺口至少100万人，养老护理员缺口达500万人，[①] 培养居家养老服务人才迫在眉睫。

1. 居家养老服务人才的内涵和构成

居家养老服务人才指从事老年人服务工作的所有专业人员。居家养老是以家庭养老为主，社区机构养老为辅的养老方式，需要大量的养老机构服务人才。养老机构服务人才则是指适应我国老龄化社会的需要而培养的在各种养老机构专门从事老年人服务与管理工作的高级应用型人才。现有的居家养老服务人才既包括社会工作者、养老护理员、医护人员、公共营养师等，还包括帮助他人、服务社会的青年志愿者。

---

① 卫生部：《中国护理事业发展规划纲要（2011—2015 年）》，http：//baike. haosou. com/doc/6815208 - 7032221. html。

2. 协同培养的内涵

协同，词典定义是各方互相配合或甲方协助乙方做某件事,① 着重强调一种配合和协助关系。如高等院校和企业之间的协同称为校企协同，政府和企业之间的协同称为政企协同。本文的协同培养是一个包括政府、高等院校、企业、社区、养老机构的多元主体的协同体系，其本质属性是合作培养模式的创新，目的是提升居家养老服务人才的专业能力。

3. 协同培养的优势

(1) 协同培养有利于实现资源共享

目前我国居家养老服务人才培养规模小，难以适应居家养老服务业发展需要。根据教育部发布的《国家中长期教育改革和发展规划纲要(2010—2020 年)》,② 高等院校积极跟随政策引导，同机构、企业开展深度合作，建立协同培养的战略联盟。高等院校的协同培养形式可分为院校内部和院校外部两种形式，内部协同培养是指高等院校内部的知识、专业技能、技术实现共享；外部协同培养就是产学研协同培养，特别是高等院校与养老机构，甚至企业、政府部门实现深度融合，构建产学研协同培养模式。这种协同培养模式不仅有利于促进养老人才资源共享，也能极大地提高高等院校办学水平和人才培养质量。

(2) 居家养老服务人才特点需要协同培养

居家养老服务人才需要医学、社会学、老年心理学等知识，以及社区、医院等机构的工作经验，仅仅依靠高等院校或者养老机构无法完成培养居家养老服务人才专业能力的重任，需要借助政府、企业和社区的力量组成协同培养的模式。协同培养模式中的各主体合理有序地相互配合，集合多方培养主体的力量形成"1 + 1 > 2"的整体效能。

(3) 协同培养能在一定程度上缓解财政压力

居家养老服务人才培养需要资金的扶持。协同培养模式打破了仅依靠

---

① 中国社会科学院语言研究所词典编辑室. 现代汉语词典 [M]. 北京：商务印书馆，2002.

② 教育部. 国家中长期教育改革和发展规划纲要 (2010—2020 年) [R/OL]. http://www. law - lib. com/law/law_ view. asp? id =317571.

政府财政养老支出进行人才培养的单一模式。协同培养模式有助于吸引更多社会民众和机构的捐赠，扩大养老资金来源，加大集资力度，缓解政府养老财政支出压力，同时协同培养可以实现资源和经济的可持续发展。

（4）协同的平台有利于降低培养成本和培养风险

居家养老服务人才培养存在着大量的风险。对人力资源培养而言，风险存在于整个培养过程之中，如培养的收益风险和人才流失的风险等。人才培养需要成本和投入，人才在自身知识和能力得到提升后，具有更强适应能力和更多选择机会，这导致人才培养的投入得不到回报。协同的平台是资源共享的平台，不仅能降低培养成本，还可以实现人适其岗，人尽其职，降低人才流失的风险。

四、居家养老服务人才的协同培养模型

为了解决当前居家养老服务人才严重紧缺的问题，政府、高等院校、企业、社区和专业养老服务机构等主体可以联合起来，协同培养养老服务人才。

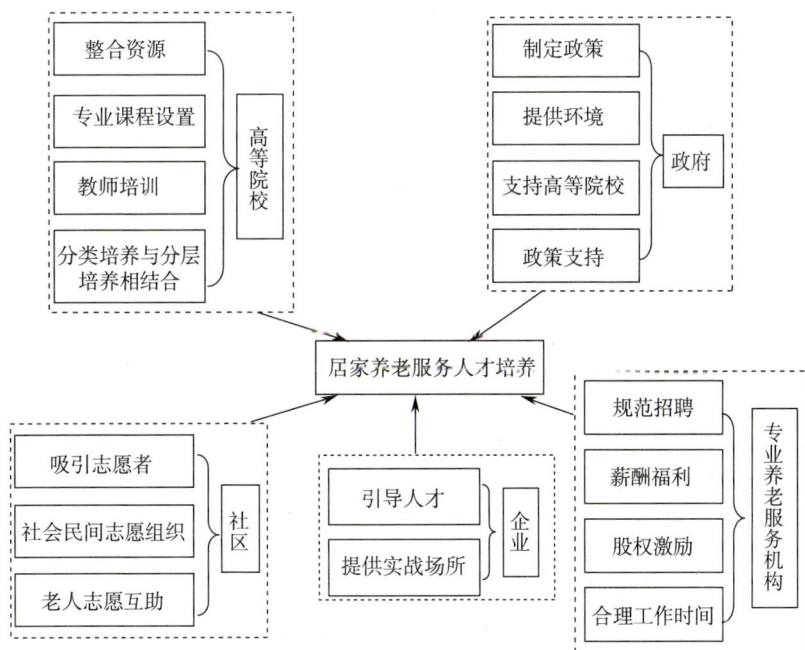

图 1　居家养老服务人才的协同培养模型

1. 高等院校

高等院校在解决我国养老服务人才培养问题上扮演的是解决专业性问题的角色。养老产业是一项新兴产业和朝阳产业，养老服务市场主要需要技术应用型人才，如护理员、康复师、医生等。第一，高等院校要整合优势资源，将养老服务专业作为新兴专业。养老专业的职业培训应该立足当下，满足当前人口老龄化对于专业居家养老服务人才的迫切需求。第二，高等院校增设养老服务相关专业和课程，扩大人才培养规模，加快培养老年医学、康复、护理、营养和社会工作等方面的专业人才。第三，教师自身素质是实施职业培训的关键。要健全教师职业培训体系，不断提升教师的知识和技能。

另外，高等院校在养老服务人才培养方面要注重分类培养与分层培养相结合。分类培养指的是培养社会所需的养老服务专业人才，每类专业人才都应有其发挥所长的专属领域。所谓分层培养，则是对从事养老服务的管理人员而言，院校应该在职业发展方面为其搭建发展平台，使不同阶层的管理人员都有明确的职业发展规划。

2. 政府

十年树木，百年树人。专业养老服务队伍的建设不是一朝一夕的事情，政府需要集合各方智慧和力量，尽快出台与培养居家养老人才相关的政策，实现对居家养老服务人才有计划、有目标的培养。

首先，政府应制定相应的居家养老人才发展政策，并出台切实可行的政策来保驾护航。任何政策的制定不仅坚持长期规划与短期计划相结合，还需要结合市场需求及人才培养规律。

其次，政府应加大对居家养老服务人才培养的支持力度，为居家养老服务人才的培养和就业提供良好的环境。特别是加强对护理人员的专业培训，从而缓解一线居家养老人才资源紧缺的现状。

再次，政府相关部门要在政策上支持高等院校增设养老服务相关专业和课程，加快建设老年服务专业的本科和研究生教育，从来源上扩大养老服务人才的培养规模。

最后，政府需要给予大量资金扶持，对自愿参加养老职业培训，或者积极主动参加职业技能鉴定提高自身能力水平的养老服务人员，按规定给予补贴，改善养老服务人员的待遇。

3. 养老机构

在解决居家养老服务人才紧缺的问题上，养老机构也需要助一臂之力。一般而言，导致专业养老人才不愿从事养老服务的原因主要包括社会认知的偏见、福利待遇低、工作强度大、职业前景不明确等。养老机构则需要对症下药，吸引人才同时留住人才。养老机构可采取的措施有以下几点。

第一，养老机构应该根据实际需要，在工作分析的基础上，完善岗位说明书，并根据岗位说明书来招聘合适的人员。如养老护理员，根据其工作的特点，可以招聘具有一定文化水平和学习能力的下岗职工或农村务工人员进行岗位培训。因为这类人员更加珍惜重新上岗的机会，职业忠诚度更高。

第二，通过纵向的晋升和横向的轮岗，促进养老服务人才职业发展。一方面，养老机构需要完善管理机制，提供双通道的晋升渠道，人员晋升既可以走管理人员渠道也可以走技术人员的渠道，双通道模式为养老服务人才的发展提供更多的空间和渠道；另一方面，不同的岗位之间进行轮换，既丰富工作经验，又可以避免单一工作岗位所产生的工作倦怠感。

第三，从薪酬福利方面提高员工的满意度，通过调整薪资水平和薪资结构，降低过高的员工流动率，吸引更多新员工；借鉴企业的员工持股计划和分红措施，实行股权激励；合理安排作息时间，缓解养老服务人员的身心压力，提高员工工作满意度。

4. 企业

养老服务人才是居家养老服务竞争的关键，不仅是管理人才的竞争，更主要是护理人才的竞争。居家养老服务业的可持续发展需要高质量的养老服务，高质量的居家养老服务需要年轻化、专业化的居家养老服务人才。一方面，企业是人才实现自我价值的重要场所，作为特殊的行业，企业应承担起人才培养的责任和义务，引导更多人才进入养老服务行业；另一方面，大型养老服务企业应发挥行业经验和专业优势，与高等院校建立长期合作关系，为养老服务人员的培训提供实战场所。

具体而言，高等院校和企业的协同培养措施之一是实施"工学结合"的人才培养模式，实现专业培养与行业需求无缝对接。目前市场上很多高素质的养老服务人才很难找到适合自己的岗位，而企业又招不到适合养老服务人才。为了解决这一问题，第一，高等院校应该采用理论与实际结合的"工学结合"课堂教学模式，采取实习等方法，实现教学与实际工作岗位一致对接。第二，在课程安排上与时俱进，学生所学与市场所需接轨，同时进入企业进行实战演练，只有这样才能解决双方在人才输出和人才输入上的不对接问题。

5. 社区

居家养老服务人才培养不仅是国家、高等院校和养老机构需要面对的难题，也是社区基层组织面临的挑战。社区基层组织对培养居家养老服务人才的贡献不可小觑，尤其是对青年志愿者的培养。

首先，要吸引更多的年轻人参加志愿服务，善于挖掘年轻志愿者的潜能，充分发挥年轻志愿者的优势。年轻志愿者可以集中定位于高校大学生，他们不仅具有较高学历、高素质，还具有较明确的价值目标、鲜明的群体意识和严格的行为规范。

其次，充分发挥社会民间志愿组织的力量。居家养老服务人才的培育也包括支持和鼓励公益性的、群众性的社会民间志愿组织进入社区。

最后，在居家养老模式中，鼓励和支持老年人志愿互助服务，引导他们形成互帮互助的积极健康生活方式。

参考文献

［1］吴玉韶. 中国老龄事业发展报告（2013）［J］. 北京：社会科学文献出版社，2012.

［2］王拓. 我国城市社区居家养老模式研究——以沈阳市久安社区为例［D］. 辽宁大学，2013.

［3］刘利君. 养老服务专业人才队伍建设策略研究［J］. 社会福利，2012（4）.

［4］张秀兰，杨团，张欢等. 养老服务人才培养框架体系及培养模式研究［J］. 福利中国，2013（5）.

［5］章晓懿. 城市社区居家养老服务质量研究［D］. 江苏大学，2012.

［6］彭艳芳. 国内城市居家养老的研究综述［J］. 社会工作，2010（3）.

［7］郭竞成. 中国居家养老模式的选择［J］. 宁波大学学报（人文科学版），2010（1）.

［8］陈劲，阳银娟. 协同创新的理论基础与内涵［J］. 科学学研究，2012（2）.

政府合作"软实力"与合作治理绩效：资源整合与任务复杂性的视角
——基于149个县级政府部门主要负责人的调查与分析

◎姜庆志

华中农业大学公共管理学院，湖北武汉，430070

摘　要：在合作治理实践中，有些政府并不缺乏规则构建、合作认同和领导权威等"软实力"，但却难以取得良好合作治理绩效，其症结在于缺乏让这些"软实力"运转的能力，这是合作治理失灵频发的重要原因之一。如何理解政府"有合作潜力却乏合作绩效"这一现象，进而提升合作治理绩效，是地方政府治理体系和治理能力现代化的关键。本项研究探讨了政府合作的"软实力"与合作治理绩效的关系，并分析了资源整合、任务复杂性的中介作用与调节作用，尝试运用资源与权变的观点对这一现象进行解释。通过对149个县级政府部门主要负责人的问卷调查数据进行分析后发现，合作规范、合作认同、合作领导对合作治理绩效具有正向作用；资源整合在合作规范与合作治理绩效、合作认同与合作治理绩效之间起到完全中介作用，在合作领导与合作治理绩效之间起到部分中介作用；任务复杂性在资源整合与合作治理绩效之间起着负向调节作用，即合作任务越复杂，资源整合对合作治理绩效的正向影响越小。这些结论表明，增强政府合作认同、规则构建与合作领导的同时，通过高效且公平的资源整合使合作治理真正运作起来是提升合作治理绩效的关键；提高合作治理网络与合作任务的契合度，构建一个有所为有所不为的合作网络是合作治理稳步发展的重点。

关键词： 合作软实力　合作治理绩效　资源整合　任务复杂性

一、问题的提出

在法治政府、市场经济和公民社会三元鼎立的现代国家治理结构已具雏形，[1] 以及推进国家治理体系和治理能力现代化的大背景和总要求下，治理模式从"政府主导"转向"合作治理"已成为政界和学界的共识。事实上，随着我国社会主义市场经济体制日臻完善，各种社会组织不断发展壮大，公民意识觉醒和参与社会事务的积极性、主动性提高，我国各级政府以合作网络的方式提供公共服务的实践已经呈现快速增加的趋势，[2] 城市建设 BOT 模式、公共服务外包、特许经营、志愿服务、公民参与社会治理已成为政府治理"箭袋"里的"箭"。

然而，从实际绩效来看，并非所有的合作都是有效的。有学者通过对大量案例诊断后发现，在政策制定、政策执行、项目管理和公共服务提供等社会事务治理中，我国广泛存在着协同失灵的现象。[3] 通过我们的调查也发现，目前地方政府治理中确实存在"合作治理普遍开展，但合作绩效普遍不高"的问题：一方面，政府工作报告里广泛引入协同、合作、参与、社会资本等有关"合作治理"的概念，不少治理委员会也挂牌成立并制订了诸多规划；另一方面，不少合作治理的规定和认知停留在纸面和官员的脑中，尚未开展具体的项目或活动。在已有的实践中，也不乏"以文件落实文件，以会议落实会议"等"走过场"的形式主义，既有的制度机制难以落到实处。正如徐勇教授所言，"我国经过数十年的建设，已形成了基本的制度原则。当前最重要的是通过一系列体制机制让这些制度原则能够'落地'和'运转'"。[4] 合作失灵的频发易引发"合作是空中楼阁"的印象，政府"有合作潜力却无合作绩效"的认知更是加剧了人们对合作理念本身的质疑，不自觉地"回归"传统的权威主义。事实上，政府展现给人们的多是制度、理念和认知上的"软实力"，成为实质性的治理效果仍需要一定的转换机制。为此，分析政府合作的"软实力"如何影响合作治理绩效，如何使这些"软实力"落地，如何使合作治理运转起来，既是理解合作治理绩效作用机制的关键，也是地方政府治理转型中亟待解决的问题。

从已有的文献来看，合作的"软实力"与合作治理绩效的关系是一个尚未开启的"黑箱"。公共管理领域的相关研究也存在着不足：一是偏重对"合作治理价值"的研究，较少在经验层面上回答"合作治理如何实现"这一关键问题，造成理论与实践的脱节；二是简单罗列制度、文化等因素对合作治理绩效的影响，经验研究中缺少基于前因、进程和产出的全过程系统分析，对合作流程的理解仍不精确。[5]为此，本项研究引入"资源整合"与"任务复杂性"的概念，并以此分析了资源整合对合作网络"软实力"与合作治理绩效的中介作用、任务复杂性对资源整合与合作治理绩效的调节作用，尝试经验地、过程地研究合作治理绩效产生机制。其主体性内容的表述进路为：首先检视相关研究文献，并基于资源整合与任务复杂性建立解释框架和提出研究假设；其次呈现本项研究设计；再次陈述研究结果与发现；最后提出本研究的结论、政策建议与研究局限。

二、文献讨论、解释框架与研究假设

关于合作治理中"软实力"的概念，虽然研究者并没有直接提出，但相关内容散落在有关合作治理绩效影响因素的研究中，经济学、管理学、社会学、政治学等学科领域有不少可资借鉴的学术资源。如尤金·巴赫达通过对19个ICC发展案例的分析，构建了包括运作体系、资源获取、合作领导、合作文化在内的分析框架；[6]Zator在归纳出公民参与、民主正当性、政府能力、程序规则、合作资源、信任构建等22个影响因素的基础上，构建了"制度设计—关系质量—外部环境—公共信任"的分析框架；[7]姚引良等从主体因素、关系因素、环境因素三个角度出发，采用SEM探讨了地方政府合作效果的影响因素。[8]可见，相关研究涉及诸多因素，这导致分析框架的构建面临理论精当性和现实匹配性的两难困境，即理论精当性要求分析框架具有系统性和完备性，现实匹配性则关注分析框架是否立足国情特色并具有针对性。[9]本项研究主要针对的是政府"有合作潜力却无合作绩效"这一议题，并尝试基于资源整合与任务复杂性来建立"合作软实力—合作治理绩效"的过程模型，因此，主要从以下四个方面梳理了相关文献，并在此基础上提出了解释框架与研究假设。

（一）合作"软实力"与合作治理绩效

"软实力"最早由约瑟夫·奈提出，主要包括文化、政治价值观和外交政策三个方面。[10]在早期文献中，"软实力"主要用于国家发展、国际关系等议题的研究中，而后慢慢拓展到政府创新、大学发展、企业发展、文化发展、城市发展等研究中，其内涵和外延也不断丰富，成为一个涵盖文化、制度、权威等诸多因素在内的系统概念。[11]龚铁鹰又进一步将"软实力"进行了划分，提出了制度性权力、认同性权力和同化性权力三个维度。[12]本文的研究基于上述论断展开，即将政府合作的"软实力"界定为合作共识、合作规则与合作领导三个维度。各维度对合作治理绩效的影响如下。

1. 合作共识

不同的学科中，"认同"（identity）的含义是不同的。在政治学领域，认同更多地是指从人内心深处产生的一种对所属政治系统情感上的归属感或依附感，[13]本质上是社会公众对政治系统的信任，也是政治合法性的重要支撑。从这种观点来看，合作治理认同是主体合作意愿的集合与理性的升华，它关涉合作治理的合法性。维格（Waage）[14]和海克拉（Heikkila）[15]等人认为，在合作治理启动前，利益相关者必须形成共同的使命和准确的核心价值。公众把合作提供公共服务看作一种社会责任而不是"搭便车"的机会，公共管理者信任公共利益相关者并积极追求民主和提高回应性，这种对合作的认同状态是公共领域合作的基本动力。[16]合作治理认同一旦发生危机，往往会影响合作网络的运行效率并降低公众对合作治理的信心。因此，政府对合作治理的认可度成为制约其绩效发挥的关键。基于上述文献分析，提出如下假设：

H1 - 1：政府合作认同度越高，合作治理绩效越好。

2. 合作规则

实证研究的证据表明，合作规则对合作绩效产生了非常重要的影响，其作用在于为合作治理的合法运行提供基本的原则。所谓"规则"，通常指的是人们在活动中必须遵守的具体要求，[17]它涉及各种规定、守则、习俗、习惯等各个层次。不少研究者认为，集体选择的规则影响了实际操作的选择，而明晰产权和制度创新对治理绩效起着关键作用，能减轻政府与市场模式"双重失灵"。因此，成功的合作应当有一套内部控制的机制来确保合作行为的成功演化。[18]汤姆逊（Thomson）等认为，只有形成清晰的角色定位、责任划分以及彼此遵循的机制，合作治理中的冲突和矛盾才能稳定地得到消除。[19]总体而言，研究中经常涉及的规则安排包括全等的参与制度、可信的制裁机制、可解决冲突的讨论机制以及明确的责权划分等。[20]与其他领域相比，公共领域的合作规则要求必须准确完整地反映合作主体的认同，并且能够在增进公共利益的基础上调和各方的目标与诉求。作为合作治理规则的设计者，政府能否基于公共利益构建公平、可行的合作规则是合作治理绩效提升的关键。基于上述文献分析，提出如下假设：

H1 - 2：政府合作规则构建的越完善，合作治理绩效越好。

3. 合作领导

合作领导之于合作治理绩效的提高至关重要，尤金·巴赫达甚至以"管理代替治理"来强调合作中领导的作用。[21]在公共事务治理中，合作领导是引导和修复合作进程的关键要素，它被广泛地视为一种严格地把握合作程序、把参与者凝聚在一起并为他们掌舵的能力。[22]领导之所以是影响合作的关键变量，其主要原因在于合作主体的有限理性和公共事务的产权不明晰。一方面，合作主体是理性人，在社会利益格局复杂化和彼此信任降低的态势下，合作者即便认识到合作的价值，仍会倾向于选择可以实现自身利益最大化的行动策略，这带来合作者相互推诿、转嫁责任的风险；另一方面，在特定的合作网络中，合作收益具有公共性，即网络中每个成员都能够均等地分享它，而不管他是否为之投入了精力。资源共享的这种性质促使合作者产生"搭便车"的投机心理，合作网络越大，"搭便车"的行为就越多。有研究者便指出合作"既有让私方利用国家资源谋求私利的危险，也有政府出于国家的或执政党的利益把手伸到市场经济和民间社会中的危险"。[23]合作不可能消除利益冲突，这也意味着合作治理的"掌舵权"必须明确，否则彼此间的利益冲突很容易将合作引向对抗性的非均衡博弈状态。通过合作领导，才能使利益相关者重视公共问题，才能打破利益相关者的边界，整合合作主体所享有的资源。企业网络绩效领域的早期研究甚至发现，当有一方占据主导位置时，往往要比那些所有合作者地位都平等的网络更为成功。[24]一般会涉及集成网络责任的落实、提供对话平台、确保网络控制、落实不同主体的角色及责任、推动积极地参与等内容。[25]对网络领导的实际而言，主要涉及领导机构、合作"掌舵权"、信息对话、责任控制等因素。基于上述文献分析，提出如下假设：

H1－3：政府合作领导能力越强，合作治理绩效越好。

（二）资源整合与合作治理绩效

在组织管理领域，资源整合是组织识别、获取、配置、构建、组合资源以及运用资源的一种动态能力。[26]组织间互动的关键都牵涉资源问题，合作资源的整合也预示着实质性合作的发生，是合作发展的重要标志和迈向成功的关键一步。[27]合作网络若没有优质的资源整合能力，那么逐渐崛起的社会力量将难以发挥正能量，甚至将社会引向碎片化的状态。当然，好的资源整合不是简单的资源索取，它要以公共利益为出发点，在注重资源使用效率的同时还需特别重视资源分配的公平性与公正性。从地方政府治理实践来看，合作治理主体间资源转移、交换、使用的管理权基本都以政府为主导。因此，政府能否将推动合作的力量相加并削弱相关约束力量，把各方投入的资源转化为合作治理绩效，这决定了合作治理发展的未来。基于上述文献分析，提出如下假设：

H2：合作网络资源整合越好，合作治理绩效越好。

（三）资源整合在合作"软实力"与合作治理绩效之间的中介作用

在企业管理领域，资源整合的中介作用已在多个研究议题中得到验证，如崔楠等人研究了资源整合在商业模式创新与新产品绩效的中介作用，[28]分析了资源整合在市场导向与绩效之间的中介作用等，[29]模式创新、导向选择取得成功的关键在于能否实现资源的合理整合。

在合作治理中，资源整合在合作过程中发挥着重要的作用，它是合作的阶段性成果。有学者就认为，资源整合是合作进程中"小赢"（small wins）的一种，这种小的成功有助于建立良性循环的信任和承诺，当合作的"小赢"变成可能时，合作发展就可能得到保证。[30]如前文所述，并非所有实行合作治理的政府部门都取得了同样的绩效，有些部门制订了系统的行动方案却依旧出现了合作失灵，有些地区有着丰富的社会资本却并没有让其发挥最大的作用。由此可见，政府合作的"软实力"是合作治理发挥作用的必要不充分条件，只有各种潜在的要素"运转"起来，真正地实现了资源的整合，合作治理才能发挥作用。基于这种认识，可以推断，规则、共识和领导对合作治理绩效的影响需要通过资源整合的中介作用来传递。根据中介效应理论，我们从以下两个方面对三者的关系进行阐述。

其一，政府合作的"软实力"对资源整合具有正向影响。从前文论述可知，合作规则、合作共识、合作领导既有助于合作治理绩效的提升，也是合作网络形成的前提和高效运转的基础：合作规则是合作网络运行的基础，能够为资源整合提供制度保障，防止责任转嫁、推诿扯皮等问题的产生；合作认同能够增强合作网络的合法性，有助于减少资源整合的阻力，增强资源吸收的力度；合作领导是整合合作主体所享有的资源的关键环节，涉及平台建设、信息沟通等诸多要素。基于以上分析，笔者提出如下假设：

H3-1：合作规则对资源整合具有显著正向作用。

H3-2：合作认同对资源整合具有显著正向作用。

H3-3：合作领导对资源整合具有显著正向作用。

其二，资源整合在政府合作"软实力"与资源整合之间起到中介作用。与此同时，政府合作"软实力"对合作治理绩效具有正向作用，资源合作对合作治理绩效具有正向影响，这满足了统计意义上的中介效应模型。基于以上分析，笔者提出如下假设：

H3 - 4：资源整合在合作规则与合作治理绩效之间起中介作用。

H3 - 5：资源整合在合作认同与合作治理绩效之间起中介作用。

H3 - 6：资源整合在合作领导与合作治理绩效之间起中介作用。

（四）任务复杂性在资源整合与合作治理绩效之间的调节作用

1. 任务复杂性与合作治理绩效

从作用的限度而言，合作只是公共事务治理的一种选择，在市场和政府无法发挥作用的地方，合作也可能表现得无能为力，也即合作网络无法调动充足的资源应对变动不居的合作环境。作为现代化"迟—外"发型国家，转型使得社会和政治的异质性逐渐增加，治理者需要面对社会流动加速、利益分化加剧、社会矛盾交织等诸多问题的冲击，合作治理的外部约束不断增强。同时，转型期催生了大量跨界性、非线性、复合性的公共问题，合作被寄予维护社会公平正义、改善保障民生、推动经济发展、促进社会稳定、消除贪污腐败、推动环境保护、平衡地区差异等各种厚望，在增大合作诉求的同时也给其提出了源源不断的新挑战。此外，原本固化的社会结构不断分异，多元利益主体格局基本形成，利益糅合和冲突化解的难度不断提升，合作网络的有效运行需要面对不同类型甚至是相互矛盾的社会需求。在这种情况下，合作不仅很难有效化解社会需求，反而有可能因不堪重负而崩溃。因此，笔者认为任务复杂性虽然催生了合作，但在合作治理的过程中，任务复杂性对合作治理绩效的提升起到的是负向作用，也即任务复杂性程度越高，合作治理绩效就越低。基于这种认识，笔者提出如下研究假设：

H4 - 1：任务复杂性对合作治理绩效具有显著负向影响。

2. 任务复杂性的调节作用

在合作网络研究中，任务的复杂性常被作为调节变量来分析合作网络的绩效①，这主要是因为其能影响团队成员的认知和决策，而后者又是影响绩效的重要因素。[31]研究中，任务复杂性的调节作用分析主要分为三种类型：一是任务的类型对团队绩效的影响，如佩罗娜和米拉缪塔（Perona 和 Miragliotta）通过研究发现，销售、物流、产品工艺开发、生产组织等任务在任务复杂性的调节作用下，会对工作团队的绩效产生不同程度的影响；[32]二是复杂性对团队特质与绩效的影响，如卡农－鲍尔斯（Cannon－Bowers）研究发现，在任务复杂性的调节下，团队异质性会对团队绩效产生影响，即执行简单任务往往是同质团队绩效较高，而执行复杂任务则异质团队绩效较高；[33]三是复杂性对团队行为与绩效的影响，如奉小斌通过对131个研发团队的研究发现，在任务复杂性的调节作用下，研发团队协调行为、侦测行为对团队创新绩效的影响程度是不一样的。[34]在合作治理中，公共事务的复杂性无疑也影响着政府合作网络管理对合作治理绩效的作用，影响方向既可以是线性的也可以是非线性的，但总的方向是负向的。因此，在公共事务的复杂性增强的情势下，资源整合有无法满足合作网络运行的风险。在这种情况下，政府合作网络管理可能与合作治理绩效的正向显著关系会变弱。基于以上认识，笔者提出如下假设：

H4－2：任务复杂性在资源整合与合作治理绩效间起到负向调节作用。

基于上述分析，我们得到本文的理论研究框架，如图1所示。

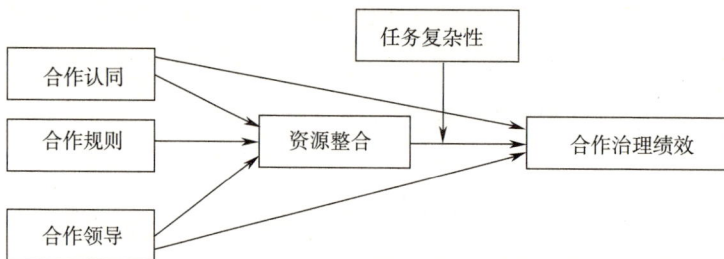

图1 本项研究的框架

---

① 由于公共管理领域中缺少对合作任务复杂性的定量研究，因而本文借鉴了企业管理领域中关于任务复杂性的论述。

三、研究设计

（一）变量测量

前文提出的研究模型包括 6 组变量，对变量测量和研究最适合的方法就是量表设计和问卷调查，因而笔者选用问卷规模性发放的方式收集初级数据，进而统计建模并验证研究提出的基本假设。

关于合作治理绩效的测量，笔者借用了姚引良等、[35] 孙国强等[36] 以及企业领域 Mitsuhashi[37] 等人对"合作绩效"测量方法，主要包括四个理论维度，即目标实现度、成本节约、合作满意度和继续合作意愿；关于合作共识，笔者从合作必要性、合作信心、合作责任共识三个维度进行了测量；关于合作规则，笔者综合 Bardhan 和 Cardenas[38] 等人对合作规则的研究结果，将合作规则分为平等的参与制度、可信的制裁机制、可解决冲突的讨论机制以及明确的责权划分四个方面，从权力保障规则、责任划分规则、冲突化解规则、行为制裁规则四个维度进行了测量；关于合作领导，借鉴王辉等[39] 等人的测量方法，从领导权威、组织机构、信息传递、责任落实四个方面对合作领导进行测量；关于资源整合，参照 Brush 等[40] 以及张立荣[41] 等人的观点，从资源吸收、资源规划和资源配置效果等方面对县域政府在合作网络中的资源整合能力进行了测量；关于任务复杂性，笔者参照奉小斌、Stock 和 Joshi[42] 等人的观点，在合并和修改相关测试题项的基础上确定了测量方式，包括"进行合作治理所投入的资源总量""公共事务合作治理所面临的任务量""合作治理过程中需要沟通的频率"三个维度。在量表设计上，本研究采用了 5 点式 Likert 量表，要求答题者根据实际情况对题项中的表述作出评判。

（二）数据采集及统计方法

本研究所用数据为国家社科基金项目"新型城镇化进程中的政府治理模式变革与创新研究"调查数据的一部分。正式问卷调查于 2014 年 7 月至 10 月进行，调查地点包括山东、安徽和内蒙古三省（区），调查对象为县级政府机构，包括发改局、规划局、建设局、财政局、国土局、经贸局、招商局、农牧局、环保局、统计局、民政局、交通局、综治办、公安局、司法局、信访局等部门的主要负责人，问卷的发放主要在集体座谈会上进行。课题组共对 151 个政府部门发出问卷，收回有效问卷 149 份，问卷有效率为 98.7%。

本研究主要用到了因子分析、层次回归以及中介效应和调节效应的检验，所选用的统计软件为 SPSS 20.0。本文的实证过程遵循 Baron 和 Kenny 提出的检验中介效应和调节效应的三步法，通过在线性回归模型里使用分层的方法依次放入自变量、中介变量、调节变量或交互项检验对因变量的回归系数。在检验中介效应时，当加入中介变量后自变量对因变量的影响关系要显著地降低或者变为不显著，则说明中介变量有中介作用；在检验调节效应时，如果交互项对因变量的回归系数显著，且 R^2 变化显著，则说明调节变量具有显著的调节效应。

（三）样本的效度和信度

由于本项研究是一个探索性研究，文献基础相对薄弱，不少变量的测量是基于研究资料进行的总结，因而效度的检验主要使用探索性因子分析的方式。本研究探索性因子分析的方法为主成分分析法（principal compoents），所有因子载荷系数为 Varimax（最大方差法）正交旋转后的得分，要求特征根值大于 1、最大因子载荷量大于 0.5、解释方差变异的累计数高于 60%。在信度检验中，本研究主要考察 Cronbach's Alpha 系数，要求在 0.7 以上。各组变量的探索性因子分析结果如下所示。

1. 政府合作"软实力"

政府合作"软实力"变量，其 KMO 值 0.733，Bartlett 球形检验值为 438.267（$p < 0.000$），说明数据适合进行探索性因子分析。从表 1 可以看出，11 个测量条目得到了全部保留，在各维度下因子载荷均超过 0.6，提取的 3 个因子的累积解释变差为 60.935%。提取的 3 个因子的 Cronbach's Alpha 系数分别为 0.804、0.710、0.719，问卷总体的 Cronbach's Alpha 系数为 0.759，这表明信度状况良好。

2. 合作治理绩效

政府合作"软实力"变量，其 KMO 值 0.762，Bartlett 球形检验值为 246.316（$p < 0.000$），说明数据适合进行探索性因子分析。从表 2 可以看出，4 个测量条目得到了全部保留，在各维度下因子载荷均超过 0.7，提取因子的累积解释变差为 67.542%，对应的 Cronbach's Alpha 系数为 0.838，显示了较高的信度。

表 1　　　　合作治理绩效的因子结构（N = 149）

变量	测量条目概述	因子结构			Cronbach's Alpha
		Factor1	Factor2	Factor3	
合作领导（CL）	cl4：合作者的责任能够得到监督落实	0.833	0.123	0.051	0.804
	cl2：成立了合作平台机构	0.788	0.046	0.114	
	cl3：信息能够得到及时传递	0.756	0.132	−0.081	
	cl1：政府具有合作网络整合者的权威	0.750	0.232	0.159	
合作规则（CR）	cr3：合作治理有完善的冲突化解规则	0.040	0.739	0.103	0.710
	cr2：合作治理有完善的责任划分规则	0.073	0.720	−0.080	
	cr4：合作治理有完善的行为制裁规则	0.153	0.712	0.149	
	cr1：合作治理有完善的权力保障规则	0.226	0.696	0.003	
合作共识（CC）	cc3：社会各界看好合作治理的未来	0.160	0.168	0.827	0.719
	cc1：社会对合作治理的必要性有共识	−0.081	0.011	0.800	
	cc2：社会对承担合作治理责任有共识	0.112	−0.014	0.738	
因子的特征值		3.344	1.797	1.562	—
解释的变差（%）		23.399	19.759	17.778	—
累积解释变差（%）		23.163	43.158	60.935	—

表 2　　　　合作治理绩效的因子结构（N = 149）

变　量	测量条目概述	因子结构 Component
合作治理绩效（CP）	cp3：合作参与者对合作活动感到满意	0.856
	cp2：合作活动降低了公共事务治理成本	0.841
	cp4：合作参与者有继续合作的意愿	0.800
	cp1：合作活动基本达到了预期目的	0.789

续表

变 量	测量条目概述	因子结构
		Component
	因子的特征值	2.702
	解释的变差（%）	67.542
	累积解释变差（%）	67.542
	Cronbach's Alpha	0.838

3. 资源整合

政府合作"软实力"变量，其 KMO 值 0.708，Bartlett 球形检验值为 166.884（$p < 0.000$），说明数据适合进行探索性因子分析。从表 3 可以看出，3 个测量条目得到了全部保留，在各维度下因子载荷均超过 0.8，提取因子的累积解释变差为 74.213%，对应的 Cronbach's Alpha 系数为 0.822，显示了较高的信度。

表 3   **资源整合的因子结构（N = 149）**

变 量	测量条目概述	因子结构
		Component
合作治理绩效（CP）	si2：政府具有很强的资源规划能力	0.888
	si3：资源得到了公平高效的配置	0.867
	si1：政府能够吸收充足的社会资源	0.829
	因子的特征值	2.226
	解释的变差（%）	74.213
	累积解释变差（%）	74.213
	Cronbach's Alpha	0.882

4. 任务复杂性

政府合作"软实力"变量，其 KMO 值 0.714，Bartlett 球形检验值为 154.827（$p < 0.000$），说明数据适合进行探索性因子分析。从表 4 可以看出，3 个测量条目得到了全部保留，在各维度下因子载荷均超过 0.8，提取因子的累积解释变差为 73.506%，对应的 Cronbach's Alpha 系数为 0.818，显示了较高的信度。

表4　　　　　合作治理绩效的因子结构（N=149）

变量	测量条目概述	因子结构
		Component
合作治理绩效（CP）	tc1：合作治理需要投入的资源	0.877
	tc2：合作治理面临的任务量	0.849
	tc3：合作治理中需要沟通的频率	0.846
因子的特征值		2.205
解释的变差（%）		73.506
累积解释变差（%）		73.506
Cronbach's Alpha		0.818

表5展示各变量之间的相关系数、均值及标准差。

表5　　　　变量的Pearson相关系数、均值以及标准差（N=743）

变量	合作认同	合作领导	合作规则	资源整合	任务复杂性	合作治理绩效
合作认同	1					
合作领导	0.132	1				
合作规则	0.137	0.337**	1			
资源整合	0.188*	0.608**	0.327**	1		
任务复杂性	0.023[NS]	-0.124[NS]	0.076[NS]	0.00[NS]	1	
合作治理绩效	0.218*	0.619**	0.310*	0.887**	-0.081[NS]	1
均值	3.78	3.90	3.59	3.87	3.42	3.83
标准差	0.596	0.514	0.767	0.619	0.832	0.581

注：[NS]不显著，* <0.05，** <0.01，*** <0.001，（双尾检验）。

四、研究结果与发现

由于政府合作"软实力"对合作治理绩效的检验可以在资源整合的中介效应检验中实现，因而笔者未进行单独检验。具体而言：假设 H1-1、假设 H1-2、假设 H1-3 的检验通过 M_1 实现；假设 H2 的检验通过 M_3 实现；假设 H2-1、假设 H2-2、假设 H2-3 通过 M_2 实现；资源整合中介效应的检验通过 M_1、M_2、M_3 三个模型实现；假设 H4-1 以及任务复杂性的调节作用通过 M_4 和 M_5 两个步骤实现。检验结果如下。

（一）资源整合的中介效应检验

从表 6 中可以看出，在不考虑其他因素的情况下，合作共识对合作治理绩效具有显著正向作用（M_1，beta = 0.184，p < 0.01），合作规则对合作治理绩效具有显著正向作用（M_1，beta = 0.196，p < 0.01），合作领导对合作治理绩效具有显著正向作用（M_1，beta = 0.584，p < 0.001），其中，合作领导对合作治理绩效产生的影响最大，假设 H1 - 1、假设 H1 - 2、假设 H1 - 3 通过检验。模型各项统计量的检验结果见表 6。

笔者将"资源整合"作为因变量，合作认同、合作规则与合作领导作为自变量代入方程，构建了模型 M_2。经检验发现，合作共识对资源整合具有显著正向作用（M_2，beta = 0.150，p < 0.05），合作规则对资源整合具有显著正向作用（M_2，beta = 0.221，p < 0.01），合作领导对资源整合具有显著正向作用（M_2，beta = 0.565，p < 0.001），其中合作领导对资源整合产生的影响最大，假设 H2 - 1、假设 H2 - 2、假设 H2 - 3，这也表明了资源整合在"软实力"与合作治理绩效间可能存在中介作用。模型各项统计量的检验结果见表 6。

最后，笔者将合作认同、合作规则、合作领导与资源整合同时代入模型 M_3 中，资源整合对合作治理具有显著正向影响（M_3，beta = 0.784，p < 0.001），假设 H2 通过，这也表明资源整合的中介作用得到了证实。在加入资源整合变量后，合作共识与合作规则对合作治理绩效的影响不再显著，这表明资源整合在合作共识与合作治理绩效、合作规则与合作治理绩效之间起着完全中介的作用，即合作共识与合作规则必须要通过资源整合才能发挥作用；合作领导对合作治理绩效的影响依旧显著，但显著性水平有所下降，回归系数也由 0.568 下降到 0.141，这表明资源整合在合作领导与合作治理绩效之间起着部分中介作用，中介效应占总效应的比为 75.8%，这意味着合作领导对合作治理绩效的大部分影响需要通过资源整合来实现，假设 H2 - 4、假设 H2 - 5、假设 H2 - 6 得到验证。模型各项统计量的检验结果见表 6。

表6 资源整合中介效应检验的回归结果（N = 149）

变量	模型 M_1		模型 M_2		模型 M_3	
	B	VIF	B	VIF	B	VIF
Constant	0.005^{NS}	1	0.008^{NS}	1	-0.001^{NS}	1.038
合作共识	0.184^{**}	1	0.150^{*}	1	0.066^{NS}	1.540
合作规则	0.196^{**}	1	0.221^{**}	1	0.023^{NS}	1.660
合作领导	0.584^{***}	1	0.565^{***}	1	0.141^{**}	1.082
资源整合	—	—	—		0.784^{***}	1.038
模型统计量						
R^2	0.423		0.397		0.795	
调整后的 R^2	0.411		0.385		0.790	
R^2 变动	0.423		0.397		0.795	
Durbin – Watson	1.911		2.124		2.368	
F 变动	34.456^{***}		31.006^{***}		136.096^{***}	
F 统计值	34.456^{***}		31.006^{***}		136.096^{***}	

注：^{NS}不显著，$* < 0.05$，$** < 0.01$，$*** < 0.001$，（双尾检验）。

（二）任务复杂性的调节效应检验

在进行调节效应分析前，需要对资源整合及任务复杂性两个变量的原始分值进行"中心化"（centering），以减少自变量和交互项、调节变量和交互项的相关性，即减少模型多重共线性的可能。将各变量代入层次回归后发现，在不考虑其他因素的情况下，任务复杂性对合作治理绩效具有显著的负向影响（M_4，beta = -0.077，$p < 0.05$），假设 H4 – 1 未通过。对比模型 M_4 和模型 M_5，增加了资源整合×任务复杂性后，回归模型的 R^2 有了显著的提高（F 变动值对应的 $P < 0.05$），资源整合×任务复杂性对合作治理绩效具有负向作用（M_5，beta = -0.084，$p < 0.05$），这意味着任务复杂性在资源整合与合作治理绩效之间起到了负向调节作用，假设 H4 – 2 成立。模型各项统计量的检验结果见表7。

为了更加清楚地验证并表现任务复杂性高低对资源整合与合作治理绩效关系的影响，笔者模拟出其调节效应，即取调节变量 M 值的均值、均值上下各一个标准差代入拟合的方程（合作治理绩效 = -0.076 任务复杂性 $+0.886$ 资源整合 -0.084 资源整合×任务复杂性），这样可以得到 3 组 Y 和 X 的斜率和截距，然后比较在 M 取值不同的情况下，解释 Y 和 X 的关系具体情况如图2所示。当任务复杂性 = -1（比均值低一个标准差）时，CP = $0.076 + 0.97$ 资源整合，即资源整合每增加一个单位，合作治理绩效就增加1.046个单位；当 TC =1（比均值高一个标准差）时，CP = －0.076 +0.802资源整合，即资源整合每增加一个单位，合作治理绩效增加0.726个单位。很显然，合作领导对合作治理绩效的正向影响会随着任务复杂性的提升而降低。

表7 任务复杂性调节作用的多层次回归结果（N =149）

变量	模型 M_4		模型 M_5	
	B	VIF	B	VIF
Constant	0.000^{NS}	—	0.000^{NS}	—
任务复杂性	-0.077^{*}	1	-0.076^{*}	1
资源整合	0.887^{***}	1	0.886^{***}	1
资源整合×任务复杂性			-0.084^{*}	1
模型统计量				
R^2	0.793		0.799	
调整后的 R^2	0.793		0.006	
R^2 变动	0.356		0.010	
Durbin – Watson	1.743		2.489	
F 变动	275.987^{***}		4.549^{**}	
F 统计值	275.987^{***}		190.04^{***}	

注：^{NS}不显著，* <0.05，** <0.01，*** <0.001，（双尾检验）。

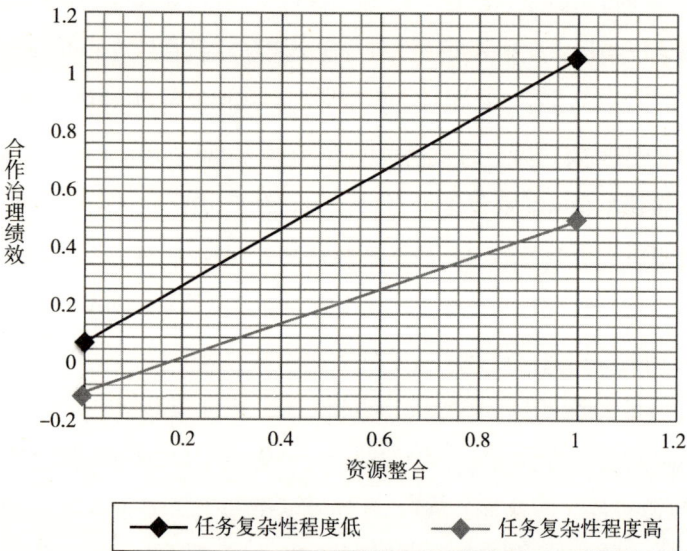

图2 任务复杂性对资源整合与合作治理绩效的调节效应

五、结论与讨论

（一）主要结论

关联性研究一般会经历从最原始的双变量直接模型到无限追加中介变量和调节变量复杂模型的演变，学者们考虑的因素和构建的模型越来越复杂，研究的角度也越来越宽泛（杨震宁等，2013）。在合作治理的研究中，相当多的学者选择了定性或质性的研究方法，较少的学者涉及合作治理绩效这一议题。虽然有些研究采用了定量的方法进行了分析，但更多的是停留在双变量或多变量直接模型的层面。本研究引入了资源整合与任务复杂性的概念，建立了中介效应和调节效应模型，这是对现有研究的一个有益补充，也是本文的主要创新之处。具体而言，本研究得到如下结论。

1. 合作治理绩效的提升有赖于政府合作"软实力"的增强

首先，合作治理共识是合作治理推进的合法性要素，是人们对合作网络在情感上产生的归属感或依附感，是一系列信念、价值观和规范准则的集合，也是合作网络稳定运行的基础。如果政府部门主要负责人缺乏对合作治理的认同，那么合作治理绩效也就无从谈起。其次，合作规则是合作治理得以运行的制度基础，因为合作中的差异、冲突甚至是对抗需要规则来消除。合作规则应当具备化解冲突、制裁违规行为的功能，即一旦"集体选择"成形，那么合作治理参与者就要遵守合作规则。再次，合作领导对合作治理绩效有很强的影响。合作治理的"掌舵权"必须明确，否则彼此间的利益冲突很容易将合作引向对抗性的非均衡博弈状态。正如有研究者所言，公共事务处置的成功在很大程度上取决于合作者领导、规划和发展合作网络的能力，协作性的领导技能对解决人们共同关心的问题和事情非常必要。[43]在早期的理论研究中，人们秉承"政府是洪水猛兽"的立场，认为要想发挥合作的功能，唯一明智的策略就是让非官僚机构的管理者领导合作网络。现在，越来越多的人意识到具有合作意识的掌权官僚也是合作网络合适的领导者。[44]实际上，我们选出政府机构作为利益的代言人，它本身是资源最丰富、规模最大的社会组织，将其排斥在合作网络的领导外是不现实的。

2. 资源整合在政府合作"软实力"与合作治理绩效之间起到中介抑制作用

再好的规划也需要实践来发挥作用，合作规则、合作共识及合作领导如果不能形成实质性的资源整合，那么对合作治理绩效的影响也就会大打折扣。本项研究已证实，资源整合在合作规则、合作共识与合作治理绩效之间起着完全中介作用，也即合作共识与合作规则必须通过资源整合发挥作用。同时，合作领导对合作治理绩效的影响中，有75.8%的通过资源整合发挥的中介效应。因此，可以断定，资源问题是合作治理的核心问题，资源整合的发生标志着实质性合作治理的开始，既是政府各类合作"软实力"发挥作用的关键，也是合作治理最终绩效的保证。政府能否深入社会并与主要的企业、社会组织或个人融为一体，在共享、互信的基础上将社会资源整合进入公共事务治理网络是合作治理能否发挥绩效的基础。当然，整合资源并不意味着一味索取，急功近利的手段往往缺乏互惠性和持久性，这种方式吸纳的资源也常因规划不足而带来严重的浪费。因此，除了有能力吸纳社会资源外，政府还应当做到高效利用资源、平等分配资源，重视资源整合的公平、公正性，从而保证合作网络健康、持续运行。此外，政府合作"软实力"直接影响了资源整合的优劣，其中又以合作领导的影响最强，这表明在进行资源整合前，政府需要建立高度的合作共识、完善的合作规则以及强有力的"掌舵"能力。

3. 任务复杂性在资源整合对合作治理绩效的影响中起到负向调节作用

并非所有的社会问题都可以通过合作网络来解决，在市场和政府起不了作用的地方，合作治理也不一定能够有效地发挥作用，[45] 也即合作治理具有作用半径。就笔者来看，在涉及经济体制改革、政治改革以及一些"具有急迫性需要独权专断"的高度复杂性"例外事件"时，合作治理往往也表现得无能为力。传统治理模式转向合作治理虽然是大势所趋，但我们也要对合作治理的限度进行更加深入的了解，在理论喧嚣中保持清醒的头脑，正如杨雪冬所指出，"在现代国家建构远未完成时，谈论治理拯救政府失败和市场失败是一个虚拟的问题"。[46]当然，任务复杂程度是相对于某一合作治理网络而言的，在很大程度上是一个"冷暖自知"的实证问题，实践者要在特定时期和环境中给出判断。此外，笔者认为探讨任务复杂性下合作治理的限度并不是否定合作治理的功能、宣扬传统治理的优点，而是更好地解释合作治理绩效的影响机制、破解合作治理失灵，以更客观的态度对待合作治理。正如戴维斯（Davis）所言，"质疑治理理论的正统模式，并不是假设国家是一个有能力保证完全服从理性的同质化实体。相反，是要对没有控制结构的网络功能提出警告"。[47]

（二）政策意蕴

基于上述研究结论及思索，在相关公共政策制定方面我们有以下几条建议。

1. 实践第一，推动以资源整合为标志的实质性合作

从资源基础理论的视角出发，合作治理就是资源获取、组合与配置的过程。因此，合作治理不应停留在制度、思维上，合作领导也不能停留在形式上，"实践第一"和"成功经历"是合作治理绩效提升的关键。当合作成功时，治理主体的旨趣便会从狭小的利益转向对公共利益的广泛关注，主体间的信任、合作的熟练度和价值的一致性都会得到提升，从而使更高阶社会问题的治理成为可能。因此，政府应当大力提倡和推动合作实践，并在这一过程中不断修正合作规则、积累合作认同、提升合作领导能力。一方面，社会转型是一个"创造性破坏"的过程，市场经济完善、生产关系调整、社会结构多样、个体意识觉醒、信息技术发展等因素释放了蕴藏已久的社会能量，为合作提供了基础、动力和可能。矫正合作失灵，各级政府必须挖掘社会变迁和结构调整中蕴含的"正能量"，将转型挑战引导为发展动力。另一方面，要做实政府信用主体的角色，让市场和社会资源得到有质量的整合，而不是集中于某个部门或者浪费使用。同时，要以资源的有效整合为契机，争得其他合作治理主体的认可和继续投入资源的意愿，提高规划和配置合作资源的效率及公平性，避免因社会力量分散而带来的碎片化治理问题。

2. 权变管理，构建"有所为有所不为"的合作网络

作为一种客观存在，公共事务的复杂性只会伴随新型城镇化的推进而不断提升，合作治理网络需要承担的责任也会不断提升，因而必须明确合作治理网络的限度，使其所承担的职能与其作用半径相一致。从实践的角度看，一个"有所为有所不为"的合作网络才是一个有效、稳定的合作网络。其一，提升合作网络与环境的契合度，也即明确合作治理所面对的社会环境。"合作网络的发展是社会需求与治理能力之间持续平衡的过程"，[48]作为合作治理网络的"领导者"，政府需要在对社会现状和发展趋势准确研判的基础上构建合作网络，要厘清市场经济发展、社会结构变动、科学技术进步、社会价值观更迭等因素对县域治理的作用方式和程度，通过合作网络实现物质、信息和能量的整合，将外部环境的不确定性控制在可处置的水平。其二，树立依据公共需求构建合作网络的问题意识，也即明确合作治理所面对的任务。在很大程度上，合作治理网络的失败往往在于被赋予了职责之外的功能。在合作治理网络的构建中，政府要树立正确的"政绩观"，即合作治理不只是要解决财政困境，其根本目标是回应公共需求、化解城镇化带来的各类社会矛盾、促进社会公平与正义。

3. 内外兼修，着力提升政府合作治理的"软实力"

合作网络的有效运行并非以削弱政府能力为前提，政府作为最关键的治理主体仍是合作治理绩效提升的决定性力量。当然，加强政府合作网络管理能力不是重回"权威化"的老路，而是在治理框架下进行新的审视。其一，要提升政府工作人员对合作治理的共识。政府工作人员要加强内部学习，提升对合作治理的熟知度和认可度。同时，要积极开展观摩和实践，增强对合作治理的信心。其二，要以制度化的形式明确各治理主体的责任以及违约制裁措施，避免因共享权力、分担责任而带来的责任转嫁问题。一方面，合作制度的修缮与创新应从"被动式"改革转向"自觉式"建构，将"摸着石头过河"和"局部试点"的合作经验制度化、可推广化，保证各项公共事务的合作治理有制度可依；另一方面，伴随着各类合作治理活动的开展，不少领域的合作活动已形成了基本的原则，应当通过一系列细

则使其"落地"，让合作在运转中发挥应有的效力。其三，应提升政府对合作网络领导的能力。一是要具有集成网络的权威，有能力召集并保证合作网络的运转，从而使合作网络不至于成为一盘散沙；二是要设计合作网络的管理机构，即合作网络要有一个符合程序与规则的治理结构，并将所有的利益相关者囊括在内；三是要保证合作治理主体间的信息畅通，以减少因沟通不畅带来的冲突，增强伙伴之间对目标、任务及责任的理解；四是要根据合作规则，监督落实各方责任，避免"搭便车"等策略性行为的发生。

（三）研究局限性

合作治理绩效是一个前沿性的话题，也是"开垦不足"的领域。受主观能力和客观资源的约束，本项研究仍存在一些局限性。

其一，本项研究调查过程仍有待完善。"臆答"（curbstoning）现象普遍存在于自填式的问卷调查过程中，这给数据的准确性带来影响。虽然调查员在调查过程中采取了干预措施，但由于"臆答"现象很难被检测到，因而本项研究未完全避免这一问题；本项研究仅调查到了149个政府部门负责人，数量较少，样本结果的普适性还存在不足。此外，合作治理涉及多方，以政府负责人作为唯一评价对象具有局限性，难免有失偏颇，这在一定程度上影响了研究的科学性。

其二，本项研究的量表设计有待反复测验。本项研究量表多是自行开发，虽然探索性检验结果理想，但该量表能否进一步推广还需要经过反复的测验进行判定。实际上，测量方法的不同很有可能带来结论的不同。陈叶烽等人的研究就曾发现，在探讨信任与合作水平的关系时，博弈实验和问卷调查得出了不同结论，[49]这说明假说的成立在一定程度上依赖于变量的具体测度方法，因而对待量表设计要反复测验、慎之又慎。

其三，本项研究的理论模型仍需进一步细化。本项研究是一个新的尝试，因而在后期写作中也发现了很多不足，譬如，哪一种资源整合方式起到的中介效应更大？如果加上部门财政支出、职能范围、所在地区经济发展水平等控制变量后，资源整合等变量对合作治理绩效的影响会不会发生变化？规则等"软实力"不能运转起来的逻辑是什么？等等。这些问题仍需在对现实深入观察的基础上做进一步的解答。

参考文献

［1］何显明. 政府转型与现代国家治理体系的建构——60 年来政府体制演变的内在逻辑［J］. 浙江社会科学，2013（6）.

［2］姚引良，刘波，王少军，祖晓飞，汪应洛. 地方政府网络治理多主体合作效果影响因素研究［J］. 中国软科学，2010（1）.

［3］周志忍，蒋敏娟. 中国政府跨部门协同机制探析——一个叙事与诊断框架［J］. 公共行政评论，2013（1）.

［4］徐勇. 热话题与冷思考——关于国家治理体系和治理能力现代化的对话［J］. 当代世界与社会主义，2014（1）.

［5］Heikkila T.，& Gerlak A. K.（2014）. Investigating Collaborative Processes Over Time：A 10 – Year Study of the South Florida Ecosystem Restoration Task Force，*American Review of Public Administration*，24（3），pp. 697 – 719.

［6］［美］尤金·巴达赫. 跨部门合作：管理"巧匠"的理论与实践［M］. 周志忍，张弦译. 北京：北京大学出版社，2011：14～17.

［7］Zator R.（2011）. *Exploring collaborative governance——Case studies of disruptions in coastal zone management collaborations and resulting effects upon the collaborations and outcomes*，Unpublished Ph. D. dissertation，Western Michigan University，p. 55.

［8］姚引良，刘波，王少军，祖晓飞，汪应洛. 地方政府网络治理多主题合作效果影响因素研究［J］. 中国软科学，2010（1）.

［9］周志忍，蒋敏娟. 中国政府跨部门协同机制探析——一个叙事与诊断框架［J］. 公共行政评论，2013（1）.

［10］［美］约瑟夫·奈. 软力量：世界政坛成功之道［M］. 吴晓辉，钱程译，北京：东方出版社，2005：11.

［11］胡键．软实力新论：构成、功能和发展规律［J］．社会科学，2009（2）．

［12］龚铁鹰．论软权力的维度［J］．世界经济与政治，2007（9）．

［13］孔德永．政治认同的逻辑［J］．山东大学学报（哲学社会科学版），2007（1）．

［14］Waage, S. A.（2001）. Reclaiming space and place through collaborative planning in rural Oregon, *Political Geography*, 20（7）, pp. 839 – 857.

［15］Heikkila, Tanya, & Gerlak A. K.（2005）. The formation of large – scale collaborative resource management institutions：Clarifying the roles of stakeholders, Science, and institutions, *Policy Studies Journal*, 33（4）, pp. 583 – 612.

［16］Thomson A. M. , & Perry J . L.（2006）. Collaboration processes：Inside the black box, Public Administration Review, 66（Supp. 1）, pp. 20 – 32.

［17］谢永新．公共领域合作的初始条件和发展变量——一个定性研究［J］．中国行政管理，2010（3）．

［18］黄楠森等．哲学概念辨析词典［M］．北京：中共中央党校出版社，1993：122.

［19］韦倩．影响群体合作的因素：实验和田野调查的最新证据［J］．经济学家，2009（11）．

［20］Thomson A. M. , Perry J. L. , & Miller T. K.（2007）. Conceptualizing and Measuring Collaboration, *The Journal of Public Administration Research*, 19（1）, pp. 23 – 56.

［21］Bardhan P.（2000）. Irrigation and Cooperation：An Empirical Analysis of 48 Irrigation Communities in South India, *Economic Development and Cultural Change*, 48（4）, pp. 847 – 865；Cardenas J – C.（2003）. Real Wealth and Experimental Cooperation：Experiments in the Field Lab, *Journal of Development Economics*, 70（2）, pp. 263 – 289.

［22］［美］尤金·巴达赫. 跨部门合作：管理"巧匠"的理论与实践［M］. 周志忍，张弦译. 北京：北京大学出版社，2011：162－165.

［23］Imperial M. Y.（2005）. Using collaboration as a governance strategy：Lessons from six watershed management programs，*Administration & Society*，37（3），pp. 281－320；Ansell C.，& Gash A.（2007）. Collaborative Governance in Theory and Practice，*Journal of Public Administration Research and Theory*，18（4），pp. 543－571.

［24］［英］鲍勃·杰索普. 治理的兴起及其失败的风险：以经济发展为例的论述［J］. 国际社会科学，1999（2）.

［25］Killing J. P.（1982）. How to make a global joint venture work，*Harvard Business Review*，May－June，pp. 120－127.

［26］Lasker R. D.，Weiss E. S.，& Miller R.（2001）. Partnership synergy：A practical framework for studying and strengthening the collaborative advantage，*The Milbank Quarterly*，79（2），pp. 179－205；McGuire，M.（2002）. Managing Networks：Propositions on What Managers Do and Why They Do It，*Public Administration Review*，62（5），pp. 599－609；Goldsmith S. & Eggers W. D.（2004）. *Governing by Network：The New Shape of the Public Sector*. Washington DC：Brookings Institute Press，pp. 90－92.

［27］易朝辉. 资源整合能力、创业导向与创业绩效的关系研究［J］. 科学学研究，2010（5）.

［28］谢永新. 公共领域合作的初始条件和发展变量——一个定性研究［J］. 中国行政管理，2010（3）.

［29］崔楠，张丽娜，张建. 商业模式创新对新产品绩效的影响：资源整合的中介作用［J］. 中国地质大学学报（社会科学版），2015（5）.

［30］苗苗. 新创企业学习能力、资源整合方式对企业绩效的影响研究［J］. 管理世界，2009（10）.

［31］en S. & Huxham C.（2003）. Nurturing collaborative relations：Building trust in interorganizational collaboration，*Journal of Applied Behavioral*

RIience, 39（1），pp. 5 – 31；Warner & Jeroen F. （2006）. More sustainable participation? Multi – stakeholder platforms for integrated catchment management，*Water Resources Development*，22（1），pp. 15 – 35；Ansell C.，&Gash A. （2007）. Collaborative Governance in Theory and Practice，*Journal of Public Administration Research and Theory*，18（4），pp. 543 –571.

［32］韩炜，韩敬稳等. 基于任务复杂性的企业网络组织协同行为研究［M］. 北京：经济科学出版社，2011：21.

［33］na M. & Miragliotta G. （2004）. Complexity management and supply chain performance assessment：A field study and a conceptual framework，·*International Journal of Production Economics*，90（1）：103 –115. 转引自彭正银、韩炜. 任务复杂性研究前沿探析与未来展望［J］. 外国经济与管理，2011 （9）.

［34］on – Bowers J A.，Salas E. & Converse S. （1993）：Shared mental models in expert team decision making，in Castellan N. J，*Individual and group decision making*，Hillsdale，New Jersey：Lawrence Erlbaum Associates，Inc.，pp. 221 –246. 转引自彭正银，韩炜. 任务复杂性研究前沿探析与未来展望［J］. 外国经济与管理，2011（9）.

［35］研发团队跨界行为对创新绩效的影响——任务复杂性的调节作用［J］. 研究与发展管理，2012（3）.

［36］姚引良，刘波，王少军，祖晓飞，汪应洛. 地方政府网络治理多主题合作效果影响因素研究［J］. 中国软科学，2010（1）.

［37］孙国强，范建红. 网络组织治理绩效影响因素的实证研究［J］. 数理统计与管理，2012（2）.

［38］Mitsuhashi H. （2003）. Effects of the social origins of alliances on alliance performance，*Organization Studies*，24（2）：321 –339.

［39］Bardhan P. （2000）. Irrigation and Cooperation：An Empirical Analysis of 48 Irrigation Communities in South India，*Economic Development and Cultural Change*，48（4），pp. 847 – 865；Cardenas J – C. （2003）. Real Wealth and Experimental Cooperation：Experiments in the Field Lab, *Journal of Development Economics*, 70（2）, pp. 263 – 289.

［40］王辉，忻蓉，徐淑英. 中国企业 CEO 的领导行为及对企业经营业绩的影响［J］. 管理世界，2006（4）.

［41］Brush C G, Greene P G, & Hart M.（2001）. From initial idea to unique advantage；the entrepreneurial challenge of constructing a resource base, *Academy of Management Executive*, 15（1）, pp. 64 – 78.

［42］张立荣，李晓园. 县级政府公共服务能力结构的理论建构、实证检测及政策建议——基于湖北、江西两省的问卷调查与分析［J］. 中国行政管理，2010（5）.

［43］奉小斌. 研发团队跨界行为对创新绩效的影响——任务复杂性的调节作用［J］. 研究与发展管理，2012（3）.

［44］Pierce N. R.（1993）. *Citystates：How Urban America Can Prosper in a Competitive World*, Washington, D. C.：Seven Locks Press, pp. 185.

［45］［美］尤金·巴达赫. 跨部门合作［M］. 周志忍，张弦译，北京：北京大学出版社，2011：163.

［46］陈振明. 公共管理学［M］. 北京：中国人民大学出版社，2005：95.

［47］杨雪冬. 论治理的制度基础［J］. 天津社会科学，2002（2）.

［48］［美］安妮·米特·基亚尔. 治理与城市管理体制，载［英］乔纳森·S. 戴维斯、［美］戴维·L. 英布罗肖. 城市政治学理论前沿（第二版）［M］. 何艳玲译. 上海：格致出版社、上海人民出版社，2013：178 – 179.

［49］［美］詹·库伊曼. 治理和治理能力：利用复杂性、动态性和多样性，载俞可平. 治理与善治［M］. 北京：社会科学文献出版社，2000：231.

［50］陈叶烽，叶航，汪丁丁. 信任水平的测度及其对合作的影响——来自一组实验微观数据的证据［J］. 管理世界，2010（4）.

横向预算权力配置与政府治理能力：
一个交易费用的视角

◎李淑芳

中共湖北省委党校，湖北武汉，430022

摘　要：在横向预算权力配置过程中，各预算参与方为实现自身利益最大化，往往产生"寻租"和腐败行为，导致政府治理效率低下。从交易费用的视角来看，预算的建立可以理解为公民为减少交易费用，而与政府签订的契约。预算过程就是制定和实施预算契约的过程。在预算契约缔结过程中，存在大量的信息不对称现象，信息不对称又会加剧预算过程中的不确定性。信息不对称、不确定性及预算参与者的有限理性都会诱发预算参与者的机会主义行为，从而增加预算交易成本。因此，改变横向预算权力配置过程中预算参与者的博弈过程，影响预算参与者特征，减少其机会主义行为，是减少预算交易成本、提高预算效率，进而提高政府治理能力的重要途径。

关键词：横向预算权力　法制政府　交易费用　信息不对称　政府治理效率

前言

采用交易费用视角研究预算管理体制改革的文献主要集中在对预算交

易中不确定性问题的描述。凯顿（Caiden，1981）将预算中存在的不确定性分为六大类，分别是创新导致的不确定性、年度预算导致的不确定性、预测导致的不确定性、集权和官僚控制产生的不确定性、政府规模和复杂性导致的不确定性及信任缺失导致的不确定性。[1]关于不确定性产生的原因，Martinez（2001）将其归结为预算审批权力和程序的不健全。[2]马骏（2003）认为导致预算承诺不确定性的根本原因是由于经济和政治等原因导致的预算环境和过程的不确定性，而这种预算承诺的不确定性和不可靠性又引发了世界各国预算实践与经典预算原则的偏离。[3]於莉（2007）在研究省会城市预算过程中党政首长的作用与影响时发现，对于党政首长而言，预算过程中环境的不确定性通常是政治环境的不确定性，其原因是中央和地方财权事权尚未厘清。她还指出，预算权力结构的核心仍然是市委书记和市长。马骏和於莉（2007）进一步指出，"1999 年预算改革实质上是要建立一种控制取向的现代公共预算体制，其重点是在政府内部建立集中的行政控制"，在以中部某省会城市为例研究我国核心预算机构的过程中，他们发现准预算机构的存在、支出部门的反控制策略、预算能力及预算过程中财政部门无法控制的不确定性阻碍了财政部门成为核心预算机构。其中，财政部门无法控制的不确定性主要来自预算环境，而中国地方预算过程中的不确定性又主要产生于政治环境，是一种体制性的不确定性。[4]预算过程中的不确定性导致了许多问题，学者们对预算过程中的不确定性所引致的问题及其应对方案展开了研究。Penner（2002）和 Swidler（2007）的研究指出，不确定性和风险是造成政府预算软约束的客观原因，使政府预算变得更加复杂。他们认为，可以通过对不确定性和风险的分析，将灵活的财政计划和预算应用于国家收支中，以增加对不确定性预算预测的准确性，提高预算的总体效率。[5]马骏和侯一麟（2005）[6]通过对中国两省份的调研发现，中国省级预算过程中的各种不确定性是由预算过程中的政策过程与预算过程分离造成的，对这些不确定因素的管理严重地影响了财政部门和支出部门的预算过程。调研发现，预算机构存在不确定性的主要原因是其仅能控制资金，却不能控制政策，造成其无法通过审查预算提高资源配置效率。另外，不确定性的政策要求财政部门安排一部分的机动资金。对于支出部门来说，这种不确定性主要产生于预算年度中上级安排的新任务和上级出台的新政策。他们认为造成这种不确定性的根本原因是地方政府缺乏预算自主权、政策制定体系和预算体制的零碎化及预算机构权力和独立性的缺失。他们建议应对这种不确定性的方案是，第一，改革政策制定体制，使得政策具有确定性和战略性；第二，要赋予地方政府一定的预算自主权；第三，每一级政府应该制定一个有约束力的中长期支出框架；第四，建立财政总额控制体制，用总额控制目标来约束政策制定和预算编制；第五，成立一个专门编制预算政策和计划取向的预算机构，而让目前的财政部门专门负责预算执行。刘再杰（2014）[7]在分析政府预算能力的困境中提到，在环境迅速变化且充满不确定性的情况下，地方政府在许多财政年度都产生了客观的"浮财"，在较弱的预算总额控制和追求政绩的趋势下，财政资源被大量浪费。同时，预算执行过程中的不确定性因素也使得资金使用部门无法准确执行预算而出现预算执行的"前低后高"，他提出了应对这些困境的破解机制，即将预算控制制度化、引入中期预算和在预算过程中引入绩效机制。於莉（2010）[8]认为，忽视预算制度变迁的阶段性特征与基本要求提前启动改革的远期目标，只能增加改革的不确定性。要顺利推进预算改革，还必须取得关键参与者的支持，并努力促成改革目标上的共识。姚文英（2010）[9]等通过对部分部门预算单位进行问卷调查，将部门预算单位的预算环境分为不确定性较高的和不确定性较低的环境两类，将预算管理分为预算刚性较高和预算刚性较低两类。他们认为，在预算环境不确定性较低的情况下，如果预算刚性较高，则预算管理具有高效率；在预算环境不确定性较高的情况下，如果预算刚性较低，则预算管理更有效率。

也有学者从信息不对称角度对预算过程展开了研究，如程瑜（2008）[10]认为政府预算可以看作一个以公法为基础的契约，预算过程中存在的委托—代理关系所导致的内部信息和外部信息不对称将影响政府预算资源配置效率。他认为预算制度创新的核心问题是能够建立起有效的政府预算契约机制。

从已有文献还可以发现，目前提出的预算改革研究方案比较抽象，仅提出了大致的改革方向，而对于具体实施方案的研究则较少；其次，目前预算制度改革的理论基础较为薄弱，对于预算改革理论的研究较为欠缺。因此，本文以横向预算权力配置为切入点，深入剖析我国现行预算制度中由预算交易特征及预算参与者特征所导致的预算交易费用，尝试通过预算管理体制改革，减少预算过程中的不确定性对预算参与者行为的影响，进而减少预算过程中的交易费用，建立现代预算制度，加速我国向预算国家转型，提升我国政府治理能力。

一、横向预算权力配置与政府治理能力

（一）现代国家与政府治理能力

现代国家建设的一个目标是建立一个有能力、对人民负责的政府。为实现这一目标，需要完善和重构包括财政制度在内的各种国家制度（王绍光，2007）。[11]因此，提升政府治理能力是现代国家的题中应有之意。由于一个国家的运行离不开财政资金，因此，财政制度在各种国家制度中占据核心地位，也是国家各项活动正常进行的基础。财政资金的筹集方式、支出方式不仅仅是财政制度的体现方式，更是一个国家治理能力的体现。财政制度转型可以在很大程度上引导国家治理制度转型，提升政府治理能力，也能促进建立有能力、负责任的现代国家建设目标的实现。

从对国家治理能力的角度来看，财政汲取能力和财政资源配置能力是国家治理能力的重要体现。学术界对国家能力的定义各异。一部分学者认为国家治理能力主要体现在贯彻执行国家政策及实现"国家意志目标"的能力上，"国家权力说"的观点则将国家能力定义为依据其所拥有的公共权力从而实现国家目标的能力。帕森斯认为通过运用权力，建立规范化的制度，可以将政府内部矛盾保持在可控范围内。也有观点认为国家治理能力是通过政府绩效体现出来的，因此，政府绩效的好坏可以体现国家能力的强弱。但是，无论是从何种视角定义国家治理能力，其都隐含着国家财政汲取能力和根据财政收入合理配置财政资源的能力两

个方面。出于政府活动开展的需要，政府一般有较强的动机获取财政资源，因此，各国财政制度都强调财政汲取能力。然而，在一定的财政汲取能力之下，若没有较好的财政制度对所取得的财政资源进行合理安排，财政资源使用效率的低下将会影响财政汲取能力。在既定的财政收入水平之下，国家贯彻执行国家政策、实现国家目标、提高政府绩效的主要途径是提高财政支出的效率。因此，财政汲取能力和财政资源配置能力都是国家治理能力的重要体现。

（二）横向预算权力配置

预算权全称为预算管理职权，指通过财政预算权限划分，界定收支范围和明确管理权责，合理配置相关主体的控制权和监督权，协调预算相关者之间的利益和权责关系，从而形成相互制衡关系的预算管理体制。[13] 笔者认为，界定收支范围需要在中央政府和地方政府以及地方政府之间的事权及支出责任明晰的前提下，界定国家财力在各级政府之间的分享方式，这种权力为纵向预算权利。明确管理权责是指预算过程中的编制、审批、执行、调整等预算权力在各预算参与者之间的分配，这种权力主要体现在横向预算权力方面。

横向预算权力涉及的参与方包括预算支出各部门、各级政府财政部门、各级政府、各级人民代表大会（以下简称人大）等。在横向预算权力配置过程中，各预算参与方为实现自身利益最大化，往往产生"寻租"和腐败行为，导致政府治理效率低下。首先，不少地方人大已经参与预算资金分配领域，以协调财政部门与预算支出部门之间的关系。对于财政部门来说，人大的介入并不是为了争夺预算资金和预算分配权，而是为了协助财政部门编制预算；而对于预算支出部门而言，人大对预算编制的提前介入可以帮助其理解更多支出部门的预算需求，并将提前介入获取的信息向财政部门进行反馈，从而为预算支出部门争取到更多资金。因此，对于财政部门和预算支出部门而言，人大的提前介入都能得到认可。[14] 然而，根据公共选择理论，提前介入有可能导致预算支出部门向人大"寻租"。研究也表明，这种在体制内寻找人大作为预算支出部门"代言人"的做法并不罕见。[15]

而且，由于我国人民代表大会制度的不完善，人大监督职能仍然较弱。其次，对于各预算支出部门而言，为争取更多的资金，各预算支出部门往往会通过隐瞒预算收入等行为为本部门私设小金库。随着预算外资金全部纳入预算内，这一情况有所缓解，但是虚增开支的现象仍然十分普遍。由于预算支出部门对本部门的信息掌握最为全面，假报项目和虚列支出等都能为其增加预算支出提供手段，其也能有充分理由说明预算支出的必要性和预算规模的合理性。[16] 由于我国目前预算编制过程与实际预算执行过程存在时间上的错位，因而往往在预算支出部门开始执行预算之时，人大对预算的审批工作还没有完成。根据《中华人民共和国预算法》规定，预算年度开始后，各级预算草案在本级人民代表大会批准前，可以安排三个方面的支出：一是上一年度结转的支出；二是参照上一年同期的预算支出数额安排必须支付的本年度部门基本支出、项目支出，以及对下级政府的转移性支出；三是法律规定必须履行支付义务的支出，以及用于自然灾害等突发事件处理的支出。预算经本级人民代表大会批准后，按照批准的预算执行。① 以中央部门为例，原则上中央部门结转资金结转下年使用，使用用途不得改变，即本年的基本支出结转资金可用于下一年的增人、增编等基本支出，本年的项目支出结转资金则按照原用途使用。② 但在信息不对称的情况下，各支出部门面临着未来政策的不确定性，往往会选择将当年的预算资金全部用完。这导致各预算支出部门的资金安排出现了时间上的不平衡，预算支出部门有约 20% 的资金都是在 12 月突击花完。[17] 突击花钱现象往往导致资金使用效率低下和预算资金的浪费。最后，在财政部门和预算支出部门之间，往往存在着"讨价还价"行为，这主要与我国"两上两下"的预算体制有关。虽然预算过程的编制看似一个自下而上的过程，然而，研究表明，支出部门的官员都倾向于将财政部门预算编制视为一个由财政部门主导的自上而下的过程。他们判断的依据是，"一下"这一控制数的下达

---

① 2014 年修正通过的《预算法》第五十四条。
② 财预〔2010〕7 号，财政部关于印发《中央部门财政拨款结转和结余资金管理办法》的通知，2010 – 01 – 17.

环节出现了问题。尽管部门在"一上"时可以根据部门或者单位需要自主编报预算数，但这一自主的"一上"过程所提交的预算建议几乎都会经过财政部门的调整，"二上"时支出部门则必须按照财政部门确定的"一下"控制数来编报预算。从这个意义上来说，"'一下'以后预算编制才真正开始"的说法似乎一点也不为过。部分支出部门甚至认为，"一上"过程中编制的预算资金在"一下"的控制数下达过程中会变得面目全非。因此，实际上，中国预算过程是从"一下"过程才真正开始的。[18]财政部门几乎完全控制了预算资金的分配权。为获得一定的预算权力，各支出部门往往选择采取谎报支出等机会主义行为，这导致财政部门在"一下"过程中不得不"砍预算"，而各预算支出单位为保持自身业务的经费，在"一上"过程中又会进一步夸大预算支出需求，二者在博弈中寻求平衡。因此，各预算支出部门为获得更多的预算资金，都试图和财政部门保持良好的"私人关系"，由此产生了一系列的非正式制度带来的预算权力和"寻租"行为。以市级政府为例，分管某一领域的副市长没有获得与分管政策领域相匹配的支出决策权，虽然财政部门会为这些副市长提供一定的市长预备金，但通常这些预备金数额较小，并不能对分管领域争取更多的资金。因此，对于预算支出部门而言，财政部门成为其发展私人关系的重点对象。[19]

实际上，当正式制度中的权力结构尚不完善时，非正式制度将从各方面渗透到正式制度中，中国的政治过程中因此而存在较多的非正式制度。马骏等（2004）在研究中国省级预算的决策过程时，发现非正式制度对预算过程影响不容忽视。在正式的预算制度中，省委书记、省长、常务副省长等之外的领导人并未被赋予任何预算权力，然而"批条子"等非正式制度的存在使得他们可以影响预算资金的分配。[20]改革开放以后，由党委高度集权的政策制定体制被"零碎化的威权体制"所替代。在政府内部及省级高层领导中，也出现了权力结构的零碎化。同时，由于中国正式制度对预算行为的约束力较差，而财政部门的"核心预算机构"地位被计划委员会、经贸委、科技厅等侵蚀，正式制度也表现出零碎化特征。最后，正式预算制度的落后也使得中国非正式预算制度以各种形式出现。

二、预算制度改革

（一）预算交易费用理论：一个交易费用的视角

从交易费用的角度来看，可以把各预算参与者之间的行为理解为特殊的交易形式。早在 1690 年，洛克在其《政府论》中提出，人类天生都是自由、平等和独立的；没有本人的同意，不能剥夺任何人的这些权利，也不能使任何人受制于另一个人的政治权力。一个人放弃自然赋予的自由并受制于公民社会的唯一途径，就是通过社会契约同其他人联合组成一个共同体，以谋求他们彼此间的舒适、安全与和平的生活。[21]人们之所以甘愿放弃对自身财产权的绝对支配权，是因为自然状态下缺少既定的、稳定的、人所共知的法律，缺少一个有权依照既定法律来裁判一切纠纷的权威和公正的裁判者及支持正确的判决使得其得到应有执行的权利。[22]当人们通过社会契约的形式结成共同体或政府时，国家就产生了。同样，预算也可以视为社会契约的一种，它是涵盖在国家这一社会契约之内的一种处置个人财产权的社会契约。

从 20 世纪 90 年代开始，交易费用经济学开始广泛地用于分析政府预算。20 世纪 60 年代，威尔达夫斯基提出，从某种角度来说，预算可以被视为一种合同。议会和总统承诺在特定情况下提供资金，各机构则同意以达成共识的方式使用资金（当一个机构将资金分配给其下属机构时，可以认为这是一种内部合同），合同是否可执行或者各预算参与者是否在合同意图规定的方面达成了协议则是值得探究的地方。然而，至于合同执行的程度，则有赖于对合同缔结各方的相互责任的认定及约束。[23]持有这种观点的还有威廉姆森，他也认为任何的经济或其他关系，都可以被描述为合同问题，可以用交易费用经济学中的相关概念解释。[24]派特歇克（Patashnik，1996）首次以交易费用政治模型解释了政府预算。他认为政府预算就是一份交易合同，政治产权的不确定性增加了政府预算交易合同的交易费用，订立和执行预算合同所产生的交易费用会改变预算程序，从而影响预算结构。他对预算交易费用模型的基本假设有：首先，预算协议的商定和执行可以改变预算过程，从而改变预算结构。同时，政治家们总是有意地修改制度规则以保障其政治生涯的持久性。最后，如果不考虑潜在的机会主义政治行为和内在的合同维护的复杂交易，预算改革很难成功。这一模型主要关注预算商定和执行过程中的交易费用。政策制定者通过预算过程分配政府资源。他认为预算中的全知、仁慈和综观理性对于描述现实中的预算编制者的行为是乌托邦式的。交易费用理论和渐进主义的理论假设都是有限理性。但是，预算交易费用理论强烈拒绝渐进主义中的参与者行为温和、遵守程序公平原则等假设，而是承认预算中的机会主义行为。在预算交易费用理论中，预算环境、预算原则等因素都被当作变量。为了研究预算编制原则是否最小化交易成本，他定义了预算交易过程的特征并描述了不同预算管理结构中的行为特征。他认为有一些预算交易相对而言具有更严重的交易费用问题。同时，他指出，预算合同比较重要的特征有政治不确定性、信息不对称和资产专用性等。同时，他定义了三种预算管理表现的关键特征：政策制定效率、弹性和可靠性。他用这些标准分析了三种政府结构：零基预算、年度预算和福利预算。他认为问题的关键不是交易费用是否对预算有影响，而是交易费用如何与其他因素相互影响从而产生各种组织现象。他还认为从交易费用理论的角度来看，信托基金产生的最重要的原因就是能够减少政治不确定性及预算过程中的交易费用。[25]科维伊特和迈克库宾斯（Kiewiet 和 McCubbins，1991）也将政府预算视为一种契约，政府官员在民众同意下运用资金，向出资者提供公共产品和服务，由此在预算管理中引入了"委托—代理"分析范式。由于委托人与代理人之间存在信息不对称、逆向选择和道德风险等客观问题，需要立法机构在授权行政部门编制预算时设计恰当的机制，以避免"代理人问题"的产生。[26]基于以下三个理由，巴特尔（Bartle 和 Ma，2001）等也认为交易费用理论可以很好地运用于公共预算中。首先，交易费用的概念可以很容易地运用于预算和公共财政中，预算提案和预算过程就是交易的一种，且预算政治中充斥着机会主义、不确定性和信息不对称。其次，与其他的经济学模型不同，交易费用理论关注制度，而行政管理正是根植于制度基础之上的，这使得二者的结合尤为自然。最后，交易费用理论的一般性使得其能够为目前公共预算中较为零散的研究搭建一个更为紧凑的框架。[27]彭健（2006）也认为政府预算相当于是公众和政府达成的委托—代理关系，预算协议和预算分配可以被视为一种交易，而预算过程中的机会主义、不确定性和信息不对称等现象的存在使得交易费用理论易于引入政府预算研究中。[28]

从以上理论分析可知，预算的建立可以理解为公民为减少交易费用，而与政府签订的契约。这一契约主要是由公民提供资金，委托政府提供公共服务。在签订这一契约时，首先由公民将所有的预算资金处置权和部分监督权委托给立法机构。立法机构在签订这一契约后，与行政部门再次达成契约，但其并没有将所有的预算资金处置权和监督权全部委托给财政部门，而是保留了部分的预算审批权和预算监督权。立法机构将资金提供给政府，由政府提供预算契约中约定的服务。因此，预算交易可以视为一个公民与立法机构、立法机构与行政部门及行政部门与事业单位之间的一种多重契约关系，一个是公民和广义政府①之间的交易，二是立法机构与狭义政府之间的交易。预算过程就是制定和实施预算契约的过程。在缔结预算契约的过程中，会产生各种交易费用：在达成契约前，会存在因讨价还价等因素导致的事前交易费用，这类事前交易费用还包括信息搜寻成本、达成决策的时间成本和协调费用等；在达成预算契约之后，还存在各种事后交易费用，以确保预算合同的顺利实施。交易费用经济学认为，这些交易费用主要来源于预算合同制定和实施的预算环境。[29]当然，交易费用模型在私人部门非常有效，否则合同安排也不会存在。但是，由于在公共部门内部没有产权，政府活动效率缺乏衡量标准，政府官员常常因为缺乏追求效率的激励因素而使得交易费用理论显得不那么适用。

_____

① 广义的政府是指国家的立法机构、行政机关和司法机关等公共机关的总合，代表着社会公共权力。狭义政府是国家权力机关的执行机关，是国家政权机构中的行政机关，即一个国家政权体系中依法享有行政权力的组织体系。

（二）预算过程中的不确定性与交易费用

1. 预算交易特征与交易费用

派特歇克和巴特尔等人将预算交易的三个基本特征归纳为不确定性、信息分布和资产专用性。预算过程是一个充满不确定性的过程。巴特尔（2001）等认为西方预算的协议就是在充斥着机会主义、不确定性和信息不对称的预算政治中发生的交易。[30]凯顿（1981）认为预算过程中的不确定性分别由创新、年度预算、预测、集权和官僚控制、政府规模和复杂性及信任缺失六类因素导致。[31]在公共预算研究领域，不确定性会导致预算过程背离经典预算原则而出现各种问题，机会主义将会盛行，很多预算制度都是为了解决政治不确定性而设计出来的。减少不确定性将会在一定程度上克服机会主义行为。

在预算契约缔结过程中，存在大量的信息不对称现象，信息不对称又会加剧预算过程中的不确定性。人们建立预算体制主要是因为私人部门提供公共产品过程中，由于公共产品的非排他性和非竞争性而使得其供给出现较大的正外部性，进而导致公共产品的供给不足。这种社会福利的损失可以视为私人部门提供公共产品的交易费用。当然，私人部门可以通过排他性收费来解决公共产品正外部性问题。若排他成本可以弥补外溢性损失，则私人部门就可以提供这种公共产品。但是，现实中的多数公共产品外溢性较大，排他成本也很高，由政府部门提供就可以降低交易费用。政府预算就是为减少这些交易费用而规定由政府提供外溢性较大的公共产品的契约。在订立预算契约的过程中，存在大量信息不对称现象。首先，公众与政府之间存在信息不对称关系。公众对公共产品的偏好是多样的，代表公众的立法机构不可能完全掌握公众的信息，立法机构内部的详细信息公众也无法完全获悉。其次，立法机构与行政部门之间也存在信息不对称。立法机构虽然能够对预算进行审批和监督，但是却无法获得预算支出部门在具体提供公共服务时的成本等详细信息。最后，财政部门与预算支出部门之间也存在信息不对称。财政部门无法了解预算支出部门提供公共服务的成本，各预算支出部门也不清楚财政部门的预算资金分配办法。在预算过程中，信息分布应该是一个变量而不是常数。信息成本是影响预算合同制定和执行成本的一个重要方面，预算参与者之间的信息分布情况会影响这些成本，而这些成本反过来又影响预算参与者的行为策略。信息不对称会增加一部分预算参与者的信息成本，使得他们对其他预算参与者的机会主义行为相当脆弱。信息不对称与预算松弛和不确定性都呈现正相关，信息不对称现象越严重，预算松弛行为也更加严重；不确定性越大，信息不对称现象也越严重。[32]

2. 预算参与者特征与交易费用

学者们将预算参与者的特征总结为有限理性、机会主义和风险偏好。交易费用理论认为预算行为中存在的机会主义可以分为两种，一种是"立法偏差"，另一种是"行政偏差"。立法偏差通常以两种形式出现，一是竞选官员与纳税人之间的机会主义。在这种情况下，竞选者通常会向纳税人作出一些无法兑现的承诺。二是竞选官员之间的机会主义，这通常是由政治产权的不确定性产生的。[33] 行政偏差主要是在行政执行过程中产生的偏差。

预算过程中的信息不对称会诱发预算参与者的机会主义行为。代表公众利益的立法机构（在我国即各级人民代表大会），虽然是由公众选举产生，但是公众并不能完全获得立法机构的详细信息，这使得立法机构与利益集团的机会主义行为增加，立法机构很容易被利益集团俘获，从而产生公众"被代表"的现象。即使立法机构能够代表公众的需求，但是其对行政部门信息的不完全掌握导致行政部门为追求自身目标（如行政部门权力增大和规模扩大的目标），而在预算执行过程中发生扭曲。各预算支出部门也因为财政部门无法获得其详细信息而虚报预算支出需求，寻求部门资金分配的最大化。

预算参与者的另一个重要特征是有限理性，参与者的有限理性相对完全理性会因为预算信息的缺失而导致不确定性。与有限理性的预算理论不同，完全理性的预算理论假设预算制定者的认知能力是无限的。在完全理性的世界里，决策者能进行全面预算。他们为下一年度制订财政目标，同时能对预算活动的所有过程进行详细考察，并执行能最大化社会效用的预算。这种模型的假设是政策制定者不仅全能，而且和善，他们了解所有值得理解的知识，并运用知识最大化集体福利。但是这一理论几乎不考虑政治方面的因素。[34]由于以完全理性假设为基础的预算理论过于理想，无法准确描述实际预算过程以及预算参与者的实际行为，因此，和主流经济学的完全理性假设不同，交易费用经济学的假设是有限理性。有限理性在渐进主义和组织过程模型中，也得到了广泛的应用。渐进主义预算理论认为人们无法对所有预算收支作出全面考虑，因此选择简化预算规则，通过参照上一年度的预算资金分配份额决定本年度的预算资金分配情况，预算资金在实践中变为各机构支出在上一年基础上的同比例增长。在渐进主义和有限理性假设指导下的政策制定与渐进主义预算理论相比，其所用到的信息量较小，通常不考虑预算基础，而是偏重对原有预算基础上的增量进行考察。在预算交易费用视角下的有限理性运用的信息更为广泛，交易参与者利用尽可能多的信息减少不确定性和增加交易机会。在预算实践中，由于预算参与者的有限理性，通常他们无法利用所有信息建立最大化社会福利的预算机制，包括预算权力配置规则及预算资金分配规则等，从而使得预算过程相对理想的完全信息世界具有更大的不确定性。

预算参与者的风险偏好程度也会对预算交易特征产生重大影响。传统的交易费用经济学依赖于三种行为假设：有限理性、机会主义和风险中性。然而，风险中性假设理论限制了交易费用理论的解释能力。因此，智利和麦考金（Chiles 和 McMackin，1996）发展了交易费用模型，将风险偏好作为变量植入威廉姆森的模型中。在他们的模型中，风险偏好将会影响到参与者的合同和制度选择。如果大多数参与者都是风险规避型的，则较低水平的资产专用性，政治不确定性或者信息不对称是可以接受的。然而，若大多数的预算参与者都是风险追求型的，则较高的资产专用性、政治不确定性和信息不对称是更加受欢迎的。同时，参与者之间的信任是很重要的，因为信任将影响风险预期，因而影响预算合同和政府结构的选择。如果参与者之间是相互信任的，则信息交换的需求将会减少，交易费用较低，保障机制较为简单，很多预算活动也将没有必要存在。因此，风险偏好和信任将会影响到预算行为和结果。

三、横向预算权力配置改革研究

预算过程中的信息不对称和不确定性会导致人民代表大会、财政部门、预算支出部门和各部门领导等预算参与者的相互博弈，并诱导预算参与者的机会主义行为，从而增加预算交易成本。因此，针对这些问题进行预算改革，以改变预算参与者的博弈过程，减少其机会主义行为，是减少预算交易成本、提高预算效率的重要途径。在各预算参与主体中，预算资金的最终需求方为支出部门。因此，各支出部门更容易通过"寻租"等方式获得预算资金。为减少预算支出部门的机会主义行为，降低预算交易成本，可以考虑以下途径。

（一）支出部门预算约束的硬化

在各预算参与主体中，预算资金的最终需求方为支出部门。因此，各支出部门更容易通过"寻租"等方式获得预算资金。为减少预算支出部门的机会主义行为，降低预算交易成本，可以考虑以下途径。

首先，针对预算支出单位夸大预算资金需求的行为，可以探索公式化的支出标准，从预算编制开始就对预算支出单位起到约束作用。以文化部门的公共文化服务为例，可以探索针对各项公共文化服务的支出标准。例如，对于基本公共文化服务设施网络建设的支出标准，可以选择代表性地区调研得到某种公共服务设施网络建设及其配套设备的财力需求 $\overline{P}_{m,i}$，以此作为基准，设置与地区建设成本、配套设施成本相关的差异调整系数 D_i。根据差异调整系数计算某地区 i 的第 m 种基本公共文化服务设施建设的具体财力需求标准 $FD_{m,i}$：$FD_{m,i} = \overline{P}_{m,i} \times D_i$。从我国目前基本公共文化服务的情况来看，其资金主要来自自营收益、私人部门和公共财政。通过调研了解各行业基本公共文化服务设施网络的资金来源的具体结构，可以得出基本公共文化服务设施网络中政府财政资金的比重 R_{gov}。在明确基本公共文化服务设施建设具体财力需求标准的基础上，综合调研得到的资金来源结构情况，可以得出地区 i 的第 m 种基本公共文化服务网络的财力保障标准 $FS_{m,i}$。$FS_{m,i} = R_{gov}\overline{P}_{m,i} \times D_i$。同理可以得到各项基本公共文化产品服务的财政保障标准。

其次，针对预算支出单位虚增项目支出的行为，可以考虑在预算执行过程中采取严格的项目审查和外部审计。以文化部门为例，湖北省从2013年开始，参照国家做法，在全省开展了湖北省公共文化服务体系示范区创建工作。自该工作启动后，湖北省文化厅创建了一套完整的指标，从创建工作组织领导情况、公共文化服务设施网络建设情况、公共文化服务供给情况、公共文化服务组织支撑情况、资金、人才和技术保障措施、公共文化服务评价考核情况等方面，对公共文化服务体系示范区进行了严格的重点项目审查。对于检验不合格的项目，要限期整改，整改期满未能达到要求的，取消示范区称号。由于部分单位为应付上级检查，往往为督察组准备较好的地区进行检查，从而影响检查的有效性和代表性。因此，在督察方法上，湖北省文化厅对于第二批创建国家公共文化服务体系示范区的地区，其检查方式为随机考察示范区创建城市下辖的1个县（市、区）、2个乡镇（街道）和2个村（社区）的基层文化设施建设、免费开放、管理服务、改革创新等情况。对于第一批湖北省公共文化服务体系示范区，随机考察2个乡镇（街道）和4个村（社区）的基层文化设施建设、免费开放、管理服务、改革创新等情况。但是这种完全随机的方式可能带来较大的监管成本，因此，湖北省文化厅采取了一个折中的办法，由公共文化服务示范区文化主管部门提供多条检查线路，并由检查部门随机抽查。这种方式在一定程度上既能防止地方文化部门机会主义行为的产生，又能节约监督成本，适合在全国范围进行推广。

最后，还需要对比各地区投入产出的效果，综合考虑地区经济发展情况，从效率和公平两个方面，对部门支出进行合理评价。目前对于预算支出部门的评价体系不合理，过于关注投入产出，而忽略了公共服务的均衡发展。以各地文化部门为例，调研结果显示，公共文化服务提供较好的单位往往能获得更多的资金支持，而公共文化服务水平较低、条件较差的地区则表现出财政资金不到位的现象。甚至，对于本身发展就较好的某些单位，由于能够获得更多的关注，从而获得额外的项目拨款，导致各地文化机构出现"好的更好，差的更差"的现象。通过对政府的文化支出项目进行效率和公平两个方面的综合评价，有望引导预算支出的合理安排。

（二）财政部门组织结构改革

目前我国财政部门的预算编制、预算执行和预算监督权较为分散，预算支出并不在一个口子。因此，容易导致财政部门与预算支出部门之间靠"私人关系"争取预算资金的行为。改革财政部门预算结构，使得预算编制、执行及监督分离将在一定程度上解决预算支出部门与财政部门之间"私人关系"的发展，减少预算过程中的交易费用。我国财政部门内部的预算任务可以大致划分为预算编制职责、预算执行职责和预算监督职责。其中，预算编制责任主要由预算司负责，其主要工作职责是编制年度中央预算草案，审查、批复中央部门预算和政府采购预算，汇总全国预决算。同时，预算司还承担国家审计署审计中央财政预算执行的有关工作。国库司主要负责预算执行，其主要任务是负责中央财政资金调度，汇总编制各级政府预算及各行政事业单位预算，同时管理中央预算单位银行账户。监督监察局主要负责预算的监管，监督检查各单位执行财政法规、政策、制度和预算的情况，依法查处重点违反财经纪律案件。教科文司等归口管理业务机构也负责对分管部门的预算执行情况进行监督，并对项目资金的使用进行效益考核。不同层级的财政部门内部结构大致相同。以武汉市财政局为例，其主要职责分工如表1所示。从各处室的工作职能来看，预算编制、预算执行和预算监督权分散于财政局内部各处室，而每个处室又担负着多项预算职责，这导致了预算职能交叉不清的现象。预算编制、预算执行和预算监督相互不独立的现象会影响预算监督的信度，而监督职能由多个部门共担则会导致监督无力。

表1　　　　　　　　武汉市财政局主要组织结构责任分析

部　门	预算编制	预算执行	预算监督
预算处	√	√	
预算编审中心	√		√
归口管理业务处	√		√
国库处		√	
国库收付中心		√	√
监督检查处			√
财政监督检查办公室			√

而从其他各国实践来看，预算编制、预算执行和预算监督相互独立已经成为发达国家预算的显著特点。预算编制和预算执行有两种独立形式：一种是预算编制与预算执行都隶属于财政部门，但在财政部门内部相互独立，预算编制由预算司负责，预算执行由国库司负责。英国、芬兰、日本等国的预算结构属于这种模式。另一种是预算编制和预算执行分别由财政部门及与财政部门并行的其他部门独立负责，在这种预算管理模式下，预算编制和预算执行的独立性更强。[35]因此，为使得预算编制更合理，预算执行更有效率，预算监督更可信有力，减少因预算过程中的不确定性和由此带来的预算参与者的机会主义行为，有必要在我国财政部门内部实现预算编制、预算执行和预算监督的分离。浙江省"三系制衡互动"预算管理改革很好地实现了这一目标。2009年浙江省组建了总预算局、预算执行局和财政监督局三套机构，分别负责预算编制、预算执行和预算监督。这种预算内部"三系制衡互动"的预算管理模式若在全国各级政府的财政部门推广，则能提高财政部门预算管理效率。笔者认为，对财政部门的权力配置改革要从加强财政部门内部控制着手，实现各级财政部门预算编制、执行与监督的分离，并实现预算三大职能在各级政府间的信息互通，形成中央—省—市/县三级财政纵横向权力相互独立，信息相互流通的组织方式。

（三）人民代表大会预算设疑制度改革

《中华人民共和国宪法》规定，"中华人民共和国的一切权力属于人民"。人民代表大会是国家最高的权力机关，人民行使国家权力的机关是全国人民代表大会和地方各级人民代表大会。《中华人民共和国预算法》规定，人民代表大会有审查和批准预算和预算执行情况报告的职权。目前关于人民代表大会预算监督方面较有争议的是：人民代表大会是否代表了人民的意志，人民代表大会在监督预算中究竟发挥了怎样的作用，人民代表大会是否具有监督预算的能力，预算信息不完全及人大监管乏力的问题突出。为解决这些问题，笔者认为需要强化人大的预算权力，同时，改革人大代表的成员结构，构建专业化的人大预算监督队伍。

我国应该强化人大预算审议权力，同时赋予人大对预算草案的分项审议权。目前我国人大代表在履职时发挥的作用受到各种制度的限制。一方面，人大代表履职程序影响了人大预算监督效力。我国全国人民代表大会由 9 个专门委员会和全国人民代表大会常务委员会组成。其中，与预算工作相关的组织包括专门委员会中的财政经济委员会和人大常委会中的预算工作委员会。然而，预算草案需要首先经过党委常委会审定，才会送达人大的财政经济委员会进行初审。从我国行政主导下的政治格局来讲，行政部门和党委对预算的影响相对更强，因此，财经委对党委常委会审定过的预算草案一般不会提出质疑。在人代会期间，人大代表虽然具有提案权、投票权、质询权、议案权等，但是其提案需要有一定的代表数目，且满足代表数量要求的提案还需要经过人大主席团审查，通过审查的议案才能交付人大会讨论表决。这种制度上的层层阻隔严重阻碍了人大代表的各项权力的实施。另一方面，从人大的预算权力角度来说，无论是《宪法》还是《预算法》，都没有明确规定人大有修正预算的权力。人大仅有对预算的完全否决权和接受权，没有修正权力。这说明，人民代表大会对预算只能全盘肯定或者否定，但是出于对预算全盘否定所带来的严重后果的担心，预算往往很少被否决。从目前我国实践来看，人大代表从未行使过预算否决权。这都导致人民代表大会的预算监督权较弱。

因此，在预算审议方面，应该从观念和法律两个层次强化人大预算审议权力，消除人大审议预算的制度限制。在人大预算审议过程上，建议人大财经委在党委常委会预算审议之前先进行初审，审议意见提出后再提交党委常委会审议，以防止人大财经委预算审议"走过场"及党和政府"说了算"的行为。在预算信息披露上，应该要求预算支出部门详细披露本部门的预算信息，将所有的预算收支信息都反应在预算草案中，预算草案应该公布细化到细目。同时，要求各预算支出部门将本部门所有详细信息全部通过网络媒介等手段向公众公开，以便人大和公众能快速便捷获得预算信息，从而对预算支出部门预算行为进行监督。在预算审议权力方面，应该赋予人大对预算草案的分项审议权和预算修正权。在部门地方人大预算审批过程中，人大已经被赋予了一定的预算修正权，如温岭参与式预算改革赋予了人大代表削减、否决、增加预算的权力。[36] 分项审议权不仅能够减少人大代表对于预算整体否决所带来的严重后果的担忧，又能使得人大代表表达自己的意图，因此能够促进人大代表执行预算审议权。且分项预算可以将人大代表的审议权分解到项目和预算支出单位，从而使得预算审议过程更加专业化，提升预算审议效率。

此外，我国人大应该加强预算审议专业队伍的建设，加强人大预算审议能力。从我国人大代表的预算监督能力来说，目前人大的监督能力虽然有所提升，但是相较发达国家而言，我国人民代表大会的监督能力仍然较弱。由于我国人大代表都是兼职的，而非专职从事人大监督工作，因此，受自身工作的限制，往往缺乏行使人大代表权力的动力，也缺乏预算监督的能力。调研显示，人大代表中从未行使过质疑权的人大代表比重约为83.1%。[37] 笔者认为，实现人大代表的常任制将有利于人大代表预算审议能力的提高。

四、小结

中国现行预算制度中存在预算权力配置、预算资金分配等预算不确定性和机会主义行为及预算环境的不确定性，这些问题都将增加预算交易费用，影响预算效率，降低政府治理效率。通过改变中国预算交易特征，影响预算参与者行为，可以降低预算过程中的交易费用，提高预算效率和政府治理效率。为减少预算支出部门的机会主义行为，降低预算交易成本，可以从横向预算权力配置过程中涉及的参与者：预算支出部门、财政部门两个方面展开。第一，对预算支出部门进行综合改革。首先，针对预算支出单位夸大预算资金需求的行为，可以探索公式化的支出标准，从预算编制开始就对预算支出单位起到约束作用。其次，针对预算支出单位虚增项目支出的行为，可以考虑在预算执行过程中采取严格的项目审查和外部审计。最后，还需要对比各地区投入产出的效果，综合考虑地区经济发展情况，从效率和公平两方面对部门支出进行合理评价。第二，对财政部门的权力配置改革要从加强财政部门内部控制着手，实现各级财政部门预算编制、预算执行与预算监督的分离，并实现预算三大职能在各级政府间的信息互通，形成中央—省—市/县三级财政纵横向权力相互独立，信息相互流通的组织方式。

参考文献

［1］ Naomi Caiden. Public Budgeting Amidst Uncertainty and Instability. Public Budgeting & Finance/Spring, 1981.

［2］ J. Martinez – Vazquez. J. Boex. Budgeting and Fiscal Management in Transitional Countries. Journal of Public Budgeting . Accounting & Financial Management. 2001. 13（3）.

［3］ 马骏. 公共预算原则：挑战与重构［J］. 经济学家，2003（3）.

［4］ 马骏，於莉. 中国的核心预算机构——以中部某省会城市为例［J］. 华中师范大学学报（人文社会科学版），2007（3）.

［5］ Penner, R. G.（2002），"Dealingwithuncertainbudgetforecasts, Public Budgeting & Finanee22（1）：1 – 18. Swidler, S.（2007），"Ineorporatingriskin to the budget decision making proeess"，Journal of Public Budgeting, Accounting & Finaneial Management 19（4）：450 – 471.

［6］ 马骏，侯一麟. 中国省级预算中的政策过程与预算过程：来自两省的调查［J］. 经济社会体制比较，2005（5）.

［7］ 刘再杰. 政府预算能力的困局与破解机制［J］. 中央财经大学学报，2014（2）.

［8］ 於莉. 公共预算和财政改革：中东欧转型国家的经验与教训［J］. 中国行政管理，2010（8）.

［9］ 姚文英，郑石桥. 环境不确定性、预算刚性和预算管理业绩关系研究：基于部门预算单位的问卷调查［J］. 中央财经大学学报，2010（9）.

［10］ 程瑜. 政府预算中的委托代理关系研究——一个契约经济学的分析框架［J］. 华中师范大学学报（人文社会科学版），2009（3）.

［11］王绍光．从税收国家到预算国家，见马骏主编．国家治理与公共预算［M］．北京：中国财政经济出版社，2007．

［12］黄宝玖．国家能力：涵义、特征与结构分析［J］．政治学研究，2004（4）．

［13］［16］罗春梅．地方财政预算权与预算行为研究［M］．成都：西南财经大学出版社，2010．

［14］林慕华，马骏．中国地方人民代表大会预算监督研究［J］．中国社会科学，2012（6）．

［15］［18］［19］於莉．省会城市预算过程的政治——基于中国三个省会城市的研究［M］．北京：中央编译出版社，2010：44－45、48、95、115－116．

［17］贾康，刘微，张立承，胥玲．财政部门内部治理结构的优化创新——浙江省"三系制衡互动"预算管理模式分析［J］．中共中央党校学报，2012（4）．

［20］Ma，Jun. 2004. Zero－based budgeting in China. Submitted to Public Budgeting, Accounting, & Financial Management（in the second roundreview）．

［21］［22］洛克．政府论［M］．刘晓根编译．北京：北京出版社，2007：100，113．

［23］Aaron Wildavsky. The Politics of the Budgetary Process. Boston：Little，Brown，1964：p. 2.

［24］Oliver Williamson，The Economic Institutions of Capitalism. New York：The Free Press. 1985：p 387.

［25］Patashnik，E. M. Putting Trust in the US Budget. Cambridge：Cambrige University Press，2001.

［26］马蔡琛．政府预算的组织架构与研究视角［M］．大连：东北财经大学出版社，2007：41．

［27］John R. Bartle and Jun Ma. Applying Transaction Cost Theory to Public Budgeting and Finance. P. 158. Evolving Theories of Public Budgeting. 2001.

［28］彭健．政府预算的新制度经济学分析［J］．财经问题研究，2006
（6）．

［29］马骏，侯一麟．中国省级预算中的非正式制度：一个交易费用理论框架［J］．经济研究，2004（10）．

［30］Bartle, J. & Jun Ma. 2001, "Applying transaction cost theory to public budgeting and finance," In John Bartle. Eds, Evolving Theory of Public Budgeting , New York：JA1 Press：p157.

［31］Naomi Caiden. Public Budgeting Amidst Uncertainty and Instability. Public Budgeting & Finance/Spring, 1981.

［32］王剑，张黎群，兰晓强．官僚预算最大化理论对提高政府预算效率的其实——基于预算行为视角的研究［J］．财政研究，2009（8）．

［33］Moe. T. （1990b）. Political institutions：The neglected side of the story. Journal of Law, Economics, and Organization. 6, 213 – 253.

［34］Smithies, Arthur. The Budgetary Process in the United States. New York：McGraw Hill, 1955.

［35］罗春梅．地方财政预算权与预算行为研究［M］．成都：西南财经大学出版社，2010.

［36］吕侠．论中国人大预算审议改革［J］．中州学刊，2013（11）．

［37］秦洁，郑连虎．积极推行与完善有中国特色的质询制度［J］．人大研究，2003（10）．

中国农村基本公共服务绩效评估分析： 基于投入—产出视角*

◎张启春[1]　　江朦朦[2]

1 华中师范大学公共管理学院；2 华中师范大学经济与工商管理学院，湖北武汉，430079

摘　要：选取农民最为关注的基本公共教育服务、基本医疗卫生服务和基本社会服务作为研究对象，从投入—产出的视角出发，构建农村基本公共服务绩效评价指标体系，综合采用"纵横向"拉开档次综合评价法和数据包络分析法，对中国31个省市2003—2012年的农村基本公共服务进行了实证研究。结果表明，中国农村基本公共服务总体服务绩效稳定上升，但总体水平偏低，地区差异明显；各类农村基本公共服务发展水平不均衡；农村基本公共服务财政投入综合效率、纯技术效率和规模效率均不高，十年间综合效率的变化趋势与规模效率的变化趋势基本同步。据此建议：政府应在"十三五"规划期继续加大农村基本公共服务财政投入规模，进一步完善政府财政投入为主、社会资本参与为辅，一般公共预算保障为主、转移支付侧重于均等化保障的财政投入机制，尝试在农村基本公共服务领

＊ 本文系亚洲开发银行技术政策与顾问技术援助项目："中华人民共和国：财政政策改革与管理"（PATA47040–001）成果。

域引入 PPP 模式。

关键词：农村基本公共服务　绩效评估　投入—产出视角

引言

进入 21 世纪以来，随着对社会主义市场经济体制下政府职能定位的逐步明晰，政府逐步纠正了改革开放初期的过度市场化公共服务提供取向，大幅增加了对基本公共服务领域的财政投入，财政支出结构显著地向民生领域倾斜，农村基本公共服务领域受到了前所未有的高度重视。党的"十八大"报告明确提出到 2020 年要实现基本公共服务总体均等化目标，"十二五"规划期间更是首次明确颁布了国家基本公共服务规划。经过十余年的发展，我国农村基本公共服务重新渐成体系。在此节点上，评估中国农村基本公共服务的服务绩效水平、考察中国农村基本公共服务的财政投入产出效率，并在系统考察我国农村基本公共服务的供给水平及其财政投入效率的基础上提出相应政策建议，无疑具有重要现实意义与理论价值。

当前，学术界对农村基本公共服务有很多解释，张开云（2009）、[1]周素萍（2010）、[2]财政部财政科学研究所课题组（2012）、[3]宋潇君（2012）[4]等大体界定了农村基本公共服务的内容，主要包括农村基本公共教育服务、农村基本医疗卫生服务、农村社会服务以及农村基本公共文化服务等。"国家基本公共服务十二五规划"首次明确给出了基本公共服务的内涵和范围，规划确定的范围为公共教育、劳动就业服务、社会保障、基本社会服务、医疗卫生、人口计生、住房保障、公共文化等领域的基本公共服务。还明确了基础设施、环境保护两个领域的基本公共服务重点任务，以此作为当前和今后一段时期内构建国家基本公共服务体系的综合性、基础性和指导性文件，政府履行公共服务职责的重要依据。自然也适用于农村基本公共服务。从评估指标体系的构建来看，Yang（2010）、[5]王俊霞（2012）、[6]赫龙等（2013）[7]等人都是从农村基本公共服务产出的角度构建基本公共服务指标体系的，未体现政府对农村基本公共服务的财政投入。

郑英宁等（2008）[8]同时考虑到了农村基本公共服务的投入和产出，但选取指标过少。从采用的评估方法来看，柳劲松（2009）[9]运用的是熵权 Topsis 法和变异系数法，评估范围涉及我国 31 个省市农村地区，但只得到全国 2007 年单年的农村公共服务绩效情况。周素萍（2010）采用层次分析法计算了 2003—2007 年全国农村公共服务各指标指数，考察了全国的整体绩效状况。赫龙等人（2013）对 2011 年徐州 114 个乡镇的农村基本公共服务指数和基尼系数进行了测算，但局限于单市、单年的农村基本公共服务绩效评价。从评估结论来看，均认为农村基本公共服务总体水平不高、存有较大地区差异。

　　为获得全国多年的农村基本公共服务绩效特征，并考察政府对农村基本公共服务财政投入效率，本文选取农民最为关注的基本公共教育、基本医疗卫生和基本社会服务作为农村基本公共服务的主要内容，从投入—产出角度出发，构建农村基本公共服务绩效评估指标体系，对2003—2012年全国31个省市的农村基本公共服务的服务绩效和财政投入效率进行实证研究。采用"纵横向"拉开档次综合评价方法，研究全国31个省市农村基本公共服务的服务绩效动态变化情况；采用数据包络分析方法得到政府财政投入效率。最后，基于实证评估结果，为提升农村基本公共服务水平及财政投入效率，促进农村基本公共服务均等化发展提供对策建议。

一、农村基本公共服务绩效评估体系与研究方法

（一）农村基本公共服务绩效评估指标体系的构建与数据来源

　　农村基本公共服务是满足农村发展或农民生活所需而提供的具有一定的非排他性或非竞争性的社会服务，是根据国家经济发展阶段和总体水平，保护农村个人最基本的生存权和发展权所必须提供的公共服务。本文结合调查问卷结果，① 选取农民最为关注的三大类主要基本公共服务（农村基本

---

① 2014 年 7—8 月，国务院农村综合改革小组办公室和华中师范大学组织了一次面向中国 10 个省市的问卷调查，调查结果表明，农民最为关注的三大主要基本公共服务为基本公共教育、基本医疗卫生和基本社会服务。本文作者为该研究团队成员，并组织参与了调查工作。

公共教育服务、农村基本医疗卫生服务、农村基本社会服务）作为二级指标，从投入—产出的视角出发，选取三大主要农村基本公共财政投入和产出作为三级指标，构建出农村基本公共服务绩效评估指标体系（见表1）。

表1　　　　　　　　　农村基本公共服务绩效评估指标体系

一级指标	二级指标	三级指标	四级指标
农村基本公共服务总体绩效	Z 1. 农村基本公共教育服务	Z 1.1 基本公共教育服务财政投入	（1）小学教育财政投入；（2）小学基本建设财政投入；（3）初中教育财政投入；（4）初中基本建设财政投入
		Z 1.2 基本公共教育服务产出	（5）小学校舍建设状况；（6）小学教学及辅助用房状况；（7）小学校舍危房状况；（8）初中校舍建设状况；（9）初中教学及辅助用房状况；（10）初中校舍危房；（11）小学升学情况；（12）初中升学情况；（13）小学老师数量；（14）初中老师数量；（15）小学老师质量；（16）初中老师质量
	Z 2. 农村基本医疗卫生服务	Z 2.1 基本医疗卫生服务财政投入	（17）农村卫生财政投入；（18）乡镇卫生院财政投入；（19）新型农村合作医疗财政投入
		Z 2.2 基本医疗卫生服务产出	（20）村卫生室数量；（21）乡镇卫生院数量；（22）卫生机构床位数量；（23）乡镇卫生院病床使用情况；（24）乡村医生和卫生员数量；（25）参加新型农村合作医疗人数；（26）新型农村合作医疗受益状况
	Z 3. 农村基本社会服务	Z 3.1 基本社会服务财政投入	（27）新型农村社会养老保险财政投入；（28）农村最低生活保障财政投入；（29）农村五保供养财政投入；（30）农村医疗救助财政投入
		Z 3.2 基本社会服务产出	（31）新型农村社会养老保险参保情况；（32）农村居民最低生活保障人数；（33）农村供养五保人数；（34）农村医疗救助状况

考虑数据的可得性和连续性，最终选取 2003—2012 年全国 31 个省市（不含港澳台）的农村公共基础设施和基本公共服务的数据资料。数据资料主要源自《中国统计年鉴》（2004—2013 年）、《中国教育经费统计年鉴》（2004—2012 年）、《地方财政统计资料》（2004—2009 年）、《中国教育统

计年鉴》（2004—2013年）等。对于个别指标在个别省份以及个别年份的数据缺失情况，采用线性拟合方式对其补全。考虑到各指标数据量纲不同，且部分指标的判断方向不一致，数据处理时首先对取得的样本数据进行无量纲及正向化处理，然后求得评估指标系数，最终构造样本评价函数得到各指标对应的绩效值。

（二）数据处理方法说明

1. "纵横向"拉开档次评价法

本文采用"纵横向"拉开档次评价法，[10]对2003—2012年中国31个省级政府农村基本公共服务绩效进行评估，该评价方法的优势是可保证各地区在各时刻的评价都具有直接可比性。假设有 m 个样本，n 个指标，这些样本与指标构成原始矩阵 $A = \{x_{ij}\}$，其中 x_{ij} 代表第 i 个样本第 j 项指标的数值。主要数据处理步骤如下：

指标数据预处理。为保证处理后的指标值 x_{ij}^* 大于零，首先采用线性比例法对原始数据进行无量纲正向化处理，即 $x_{ij}^* = x_{ij}/\max(x_{ij})$ 且 $\max\{x_{ij}\} > 0$，由此得到指标数据的标准化矩阵 $A_k = \{x_{ij}^*(t_k)\}_{m \times n}$（式中 $k = 1, 2, \cdots, K$ 代表年份；$i = 1, 2, \cdots, m$ 代表样本序数；$j = 1, 2, \cdots, n$ 代表指标序数；对本研究，$K = 10$，$m = 30$，$n = 31$）；

指标评价权重系数计算。指标评价权重系数值 $\{w_j\}$ 选取为 H 矩阵最大特征值对应的归一化特征向量（其中 $H = \sum_{k=1}^{k} H_k, K_k = A_k^T \times A_k$，上标 T 代表矩阵的转置运算）；

样本评价函数值计算。定义在 t_k 时刻的函数值 $y_i(t_k) - \sum_{j=1}^{n} w_j x_{ij}^*(t_k)$，作为评价函数值。

2. 数据包络分析方法

数据包络分析方法是一种面板数据的非参数估计方法，用于测评一组具有多种投入和多种产出的决策单元。数据包络分析方法利用数学规划模型比较决策单元之间的相对效率，从而对决策单元的绩效作出评价，是处理多目标决策问题的好方法。[11]具体采用Deap2.1数据软件计算。

二、绩效评估分析

（一）全国农村基本公共服务综合绩效评估

1. 全国农村基本公共服务总体服务绩效水平

基于构建的农村基本公共服务指标体系（见表1），采用"纵横向"拉开档次评价法，对2003—2012年中国31个省级政府的农村基本公共服务原始数据进行处理，得到各省市在各年度的农村基本公共服务绩效的评估数据（一级指标），进一步计算得到各省市十年间的绩效均值。按绩效值大小划分五个等级区间，统计得到各省市绩效分布情况（见表2）。由表2可见，在全国31个省级政府中，有12个省市农村基本公共服务综合服务绩效等级为C，占比为38.7%；有16个省市为D，占比为51.6%；有3个省市为E，占比为9.7%。从表2可见，我国31个省市区中，无一进入A、B（优、良）等级，我国农村基本公共服务综合服务绩效等级都处于一般或一般以下状态。甚至北京、上海、天津等东部直辖市、浙江、福建、辽宁等东部省份的绩效值也处于0.4以下的不足状态。表明农村基本公共服务整体水平低，服务供给明显不足。另外，从区域分布角度来看，东中部地区农村基本公共服务总体服务绩效整体上明显优于大部分西部地区，全国农村基本公共服务水平地区差异显著。

表2　我国各省市农村基本公共服务综合绩效等级分布（2003—2012年）

绩效等级	状态	省市分布
A（0.8−1）	优秀	
B（0.6−0.8）	良好	
C（0.4−0.6）	一般	河北、江苏、山东、广东、安徽、江西、河南、湖北、湖南、云南、陕西、四川
D（0.2−0.4）	不足	北京、天津、上海、浙江、福建、辽宁、广西、吉林、黑龙江、山西、内蒙古、重庆、贵州、甘肃、青海、新疆
E（0−0.2）	匮乏	海南、宁夏、西藏

2. 全国农村基本公共服务总体服务绩效变动趋势

对全国 31 个省级政府在各年的农村基本公共服务绩效值进行累加平均，作为全国当年的农村基本公共服务总体绩效。图 1 给出 2003—2012 年中国农村基本公共服务总体绩效变化趋势。可见，中国农村基本公共服务总体服务绩效在 2003—2005 年呈小幅波动，在 2008 年之后趋于稳定，但在 2006—2008 年存在明显的增长。2005 年，党的十六届五中全会正式提出"公共服务均等化"，加大对农村基本公共服务的财政投入、促进城乡均等化发展在国家层面达成共识；此后，各级政府加大了对农村基本公共服务的财政投入力度，由于财政投入的时滞性，农村基本公共服务水平在 2007—2008 年出现明显的增长。同时，中国农村基本公共服务总体服务绩效在 2003—2012 年虽然得到提升，但增幅并不显著（从 2003 年的 0.339 上升到 2012 年的 0.406）。

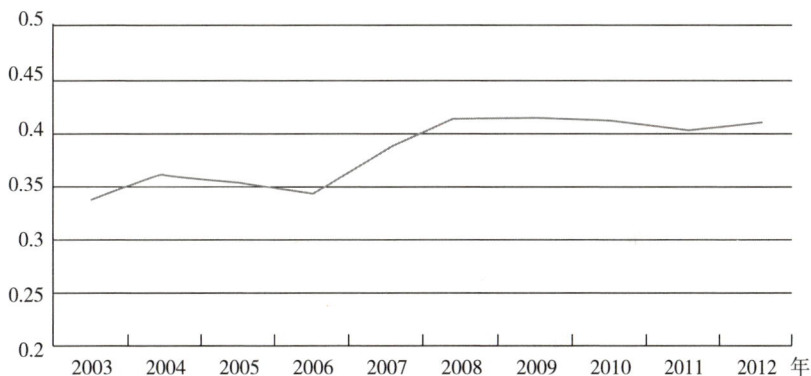

图 1　2003—2012 年中国农村基本公共服务绩效变化趋势

（二）全国农村基本公共服务的分类绩效评估

对全国 31 个省级政府在各年的农村基本公共教育服务、基本医疗卫生服务和基本社会服务绩效值分别进行累加平均，作为全国当年的三类农村基本公共服务绩效（见表 1，二级指标），得到 2003—2012 年中国农村基本公共教育服务、基本医疗卫生服务和基本社会服务的服务绩效水平及变化趋势（见图 2）。

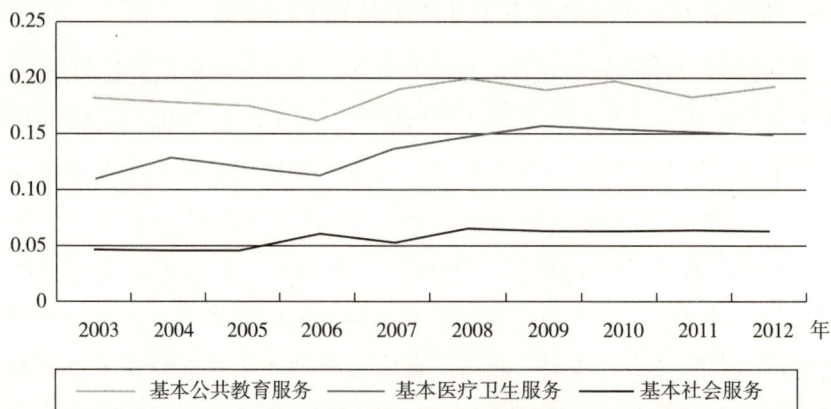

图 2　2003—2012 年中国三类主要的农村基本公共服务绩效水平及变化趋势

1. 农村基本公共教育服务的服务绩效水平及变动趋势

由图 2 可见，在三类主要的农村基本公共服务中，农村基本公共教育服务的服务绩效值始终最高（十年均值为 0.19），表明我国农村基本公共教育服务发展状况相对最佳。十年间，中国农村基本公共教育服务的服务绩效值整体有所增长，但增幅不大（从 2003 年的 0.18 上升到 2012 年的 0.20）。从变动走势来看，在 2003—2005 年近似不变（约为 0.18），在 2008 年之后约为 0.20，但在 2006—2008 年明显增长（由 0.16 上升到 0.20）。这与 2005 年国家提出基本公共服务均等化政策后，基本公共教育服务在各类基本公共服务中率先启动，也相对最为成熟相一致。

2. 农村基本医疗卫生服务的服务绩效水平及变动趋势

在三类主要的农村基本公共服务中，农村基本医疗卫生服务绩效得分居中（十年均值为 0.14，见图 2）。十年间，中国农村基本医疗卫生服务绩效整体上有所提高，绩效值由 2003 年的 0.11 增至 2008 年的 0.15，在 2008 年之后稳定在 0.15 几乎不变，表明我国农村基本医疗卫生服务覆盖面明显增加，保障水平不断提高。

3. 农村基本社会服务的服务绩效水平及变动趋势

比较而言，农村基本社会服务绩效值始终最低（十年均值为 0.06，见

图2）。十年间，中国农村基本社会服务绩效整体上逐年缓慢增长，从2003年的0.05增至2012年的0.06。我国农村基本社会服务整体水平仍旧较低，这与新型农村合作医疗和新型农村养老保险分别在2003年和2007年才开始启动试点，况且涉及的情况复杂、任务繁重密切相关。

总体来看，在2003—2012年中国农村基本公共教育服务、基本医疗卫生服务和基本社会服务的服务绩效水平都有一定提高。其中，基本公共教育服务绩效最大，十年均值为0.19；基本医疗卫生服务绩效居中，十年均值为0.14；基本社会服务绩效最小，十年均值为0.06，但十年间，在三类服务中，基本社会服务绩效的年均增长率最快，为2.83%；基本医疗卫生服务绩效水平年均增长率居中，为2.75%；基本公共教育服务绩效水平的年均增长率最低，为0.83%。

（三）全国农村基本公共服务财政投入绩效评估

从投入—产出的视角出发，通过分别考察三类主要农村基本公共服务的财政投入绩效、产出绩效，得到农村基本公共服务财政投入的综合效率情况，可以考察探讨我国农村基本公共服务财政投入规模及资金使用方式是否合理，也可从中发现我国农村基本公共服务现状与政府投入之间的逻辑关联，为"十三五"规划期政策实践提供参考。

1. 主要农村基本公共服务财政投入绩效水平及变动趋势

根据构建的指标体系（见表1，三级指标），采用"纵横向"综合评价方法，得到2003—2012年全国31个省市分别在农村基本公共教育、基本医疗卫生及基本社会服务方面的财政投入绩效评估值。进一步，对同一年31个省市绩效值累加平均，作为全国当年财政投入平均绩效值，结果如表3左列所示。

表3　　　　　　　　三类主要的农村基本公共服务财政投入和
产出绩效评估值（2003—2012年）

年份	基本公共服务投入绩效			基本公共服务产出绩效		
	基本公共教育	基本医疗卫生	基本社会服务	基本公共教育	基本医疗卫生	基本社会服务
2003	0.033	0.029	0.032	0.145	0.084	0.017
2004	0.034	0.033	0.032	0.143	0.098	0.016

续表

年份	基本公共服务投入绩效			基本公共服务产出绩效		
	基本公共教育	基本医疗卫生	基本社会服务	基本公共教育	基本医疗卫生	基本社会服务
2005	0.036	0.027	0.032	0.139	0.097	0.021
2006	0.041	0.027	0.032	0.123	0.089	0.028
2007	0.040	0.030	0.025	0.150	0.111	0.034
2008	0.050	0.031	0.032	0.150	0.117	0.031
2009	0.044	0.036	0.031	0.148	0.119	0.031
2010	0.046	0.035	0.032	0.149	0.117	0.032
2011	0.044	0.035	0.032	0.142	0.115	0.031
2012	0.047	0.035	0.032	0.147	0.114	0.032
平均值	0.042	0.032	0.031	0.144	0.106	0.027

由表 3 可以看出：2003—2012 年，中国农村基本公共教育、基本医疗卫生及基本社会服务的财政投入绩效值都不高，十年均值依次为 0.042、0.032 和 0.031，变化平缓。其中，农村基本公共教育地方财政投入绩效在 2005 年后有一定的提升；农村基本医疗卫生财政投入绩效整体上呈现缓速上升趋势；基本社会服务财政投入绩效整体上变化不大。

2. 主要农村基本公共服务产出绩效水平及变动趋势

同上，得到全国当年农村基本公共服务产出平均绩效值，如表 3 右列所示：2003—2012 年，全国农村基本公共教育产出绩效值变化平缓，十年均值为 0.144；农村基本医疗卫生产出绩效值自 2003 年到 2009 年有一定增长，之后缓速下降，十年均值为 0.106；农村基本社会服务产出绩效值从 2003 年到 2007 年稳步上升，之后近似保持不变，十年均值为 0.027。相比而言，农村基本公共教育产出绩效值最大，农村基本公共教育服务供给水平相对较高；农村基本医疗卫生产出绩效值居中，表明农村基本医疗卫生服务水平有所提高，农村基本医疗保障覆盖面扩大，医务人员素质普遍提高，群众就医条件得到改善；农村基本社会服务产出绩效值最小，农村基本社会服务水平相对偏低。

3. 农村基本公共服务财政投入效率评估分析

将各省农村基本公共教育、基本医疗卫生及基本社会服务的财政投入作为投入指标，将农村基本公共教育、基本医疗卫生及基本社会服务的产出作为产出指标，利用数据包络分析方法计算得到 2003—2012 年各省市农村基本公共服务财政投入效率，结果由表 4 给出。

表 4　　　中国农村基本公共服务财政投入效率（2003—2012 年）

年份	综合效率	技术效率	规模效率	年份	综合效率	技术效率	规模效率
2003	0.652	0.813	0.809	2009	0.873	0.921	0.948
2004	0.621	0.855	0.723	2010	0.839	0.883	0.950
2005	0.713	0.858	0.826	2011	0.868	0.898	0.967
2006	0.858	0.899	0.954	2012	0.867	0.897	0.967
2007	0.837	0.932	0.900	平均值	0.798	0.886	0.899
2008	0.853	0.907	0.941				

从技术效率来看，中国农村基本公共服务财政投入纯技术效率十年均值为 0.886，低于 1。2007 年之前逐年上升，之后整体上处于小幅下降趋势，显示出农村基本公共服务财政投入的纯技术效率偏低且上下波动，财政投入资金未有效利用，财政资金管理不完善和财政投入方式有待改变。

从规模效率来看，中国农村基本公共服务财政投入规模效率十年均值为 0.899，也低于 1。整体上呈现逐年稳定上升趋势，表明十年间中国农村基本公共服务财政投入规模效率稳定上升，财政投入规模不断增加，但规模效率水平也不高。

从综合效率来看，中国农村基本公共服务财政投入综合效率十年均值为 0.798，整体上呈现逐年稳定上升趋势。综合效率的变化趋势与规模效率的变化趋势基本同步，表明目前农村基本公共服务总体财政投入效率不高，是由财政投入方式不合理和财政投入规模不足共同造成的，主要原因还是财政投入规模不足。财政投入效率存在较大的提升空间，需进一步完善基本公共服务财政投入稳步增长机制和多元化筹资机制，改变财政投入结构和方式。

三、结论与政策建议

与以往研究不同，本文从投入—产出视角构建农村基本公共服务绩效评估指标体系,对我国31个省市在2003—2012年的农村基本公共服务进行了实证研究。结果表明:(1)我国农村基本公共服务的服务绩效水平整体上呈稳定小幅提升,但总体水平偏低,绩效值均小于0.6;农村基本公共服务省际差异显著,东中部地区优于大部分西部地区。(2)农村居民最为关注的三类主要基本公共服务发展水平不均衡,基本公共教育服务和基本医疗卫生服务绩效水平高于基本社会服务水平;但从年增长率来看,十年间三类主要农村基本公共服务水平都有不同程度的增加,基本社会服务绩效最大,基本医疗卫生服务绩效次之,基本公共教育服务绩效在三类公共服务中排在最后。(3)农村基本公共服务财政投入综合效率、纯技术效率和规模效率值均低于1,效率偏低。农村基本公共服务财政投入综合效率与规模效率变化趋势基本同步,两者都整体上呈现上升趋势,纯技术效率上下波动。

总之,目前我国农村基本公共服务存在服务绩效水平和财政投入效率偏低、地区和各类基本公共服务间发展不均衡等问题。因此,新时期仍需加大农村基本公共服务财政投入规模、改变财政投入结构,进而提升基本公共服务水平和提高财政投入效率,实现基本公共服务均等化。具体政策建议如下。

(一)坚持政府财政投入为主,以规范的政府预算支出保障农村基本公共服务供给

基于农村基本公共服务属公共物品范畴的性质,建议必须坚持政府主导、财政投入为主毫不动摇。加大各级政府财政资金对农村基本公共服务领域的投入,建立农村基本公共服务财政资金稳定增长机制,保证农村基本公共服务支出增长速度快于其他财政支出项目的增长速度,逐步提高农村基本公共服务支出占财政支出的比重,扩大公共财政覆盖农村公共服务建设的范围。现阶段可考虑将更多盘活的财政沉淀资金投向农村公共服务领域。建议通过各级政府的中期财政预算框架和相应的年度预算来规范、明确各级政府的中期和年度农村基本公共服务供给规模和支出责任,以确保"十三五"时期农村基本公共服务的财政投入规模。严格遵循《政府收支分类科目》分类体系,精细化编制安排农村基本公共服务"类、款、项"

以及细目科目；调整和完善基本公共服务预算支出设计；强化各类基本公共服务转移支付在地方政府预算编制中的反映和监督。以各级政府预算的编制、审批、执行及监督过程严格保障农村基本公共服务供给和支出责任的有效及时履行。此外，以预算科目为标准，统一农村基本公共服务统计标准，为农村基本公共服务预算的规范化和透明监督提供技术基础。

（二）强化中央转移支付向农村基本公共服务的倾斜支持，保障农村基本公共服务均等化

鉴于现阶段农村基本公共服务绩效省际差异明显、农村基本公共服务发展不均衡的现实，为确保2020年前实现国家基本公共服务总体均等化战略目标，政府须完善和规范中央对地方的财政转移支付制度，突出其横向均等化目标，以转移支付制度补齐农村基本公共服务的短板、保障全国均等化目标的实现。保证中央财政转移支付重点向经济欠发达的西部地区农村倾斜，向困难地区与基层倾斜，不断缩小各地区间的公共服务均等化差异。保持和加大中央转移支付对农村基本公共教育、医疗卫生服务和社会服务的财政投入力度，做到应保尽保，促进各项农村基本服务间均衡发展。严格执行新《预算法》，进一步优化转移支付结构，加强中央对地方专项转移支付管理，清理、整合和完善专项转移支付，对年度之间补助数额不变且长期固定的农村基本公共服务中央补助则应纳入一般性转移支付范围。

（三）尝试在农村基本公共服务领域引入PPP模式

鉴于农村基本公共服务庞大的社会需求和艰巨的均等化任务目标，以及农村医疗服务、社会服务中具有一定竞争性和排他性的准公共服务的存在，如农村社会养老服务等领域，在坚持政府投入为主的情况下，建议尝试推行PPP模式，开展政府购买农村基本公共服务，提高农村基本公共服务领域向社会资本开放程度。将PPP模式引入农村基本公共服务领域，以提高农村基本公共服务效率同时增加用于农村基本公共服务资金总量，从而提高农村基本公共服务水平。

参考文献

［1］张开云. 农村基本公共服务：现状评价与路径选择［J］. 学术研究，2009（11）.

［2］周素萍. 我国农村公共服务指数的建立及应用［J］. 统计与决策，2010（10）.

［3］财政部财政科学研究所课题组. 我国农村公共服务体系建设研究［J］. 地方财政研究，2012（7）.

［4］宋潇君，马晓冬，朱传耿，李浩. 江苏省农村公共服务水平的区域差异分析［J］. 经济地理，2012（12）.

［5］Yang Y C. Adjusting for perception bias in citizen' subjective evaluation：A production function perspective. Public Performance & Management Review，2010，34（1）：38 – 55.

［6］王俊霞，鄢哲明. 农村公共服务绩效评价指标的维度选择与体系构建［J］. 当代经济科学，2012（7）.

［7］赫龙，渠爱雪，征蓉蓉. 徐州农村基本公共服务水平的空间差异研究［J］. 国土与自然资源研究，2013（5）.

［8］郑英宁，唐娟莉，朱玉春. 我国农村公共服务效率评价：基于 DEA 方法［J］. 技术经济，2008（12）.

［9］柳劲松. 基于 Topsis 法的农村基本公共服务能力地区差异评价——来自 31 个省市农村地区的实证［J］. 安徽农业科学，2009（10）.

［10］郭亚军. 综合评价理论、方法及应用［M］. 北京：科学出版社，2007.

［11］Thierry Post，Japa Spronk. Performance benchmarking using interactive data envelopment analysis. European Journal of Operation research，1999，（6）.

梁子湖、三山湖、大冶湖生态保护的调查与思考

◎袁文艺[1]　王　腾[2]

1 湖北经济学院财政与公共管理学院；2 湖北经济学院法学院，武汉江夏，430205

2014 年 7 月，为调研《湖北省湖泊保护条例》（以下简称《条例》）的执行情况，笔者赴梁子湖区考察，走访了相关政府部门及沿湖单位和居民。总体而言，湖泊保护取得了阶段性成果，也存在一些深层次的问题，离《条例》所要求的"保面（容）积、保水质、保功能、保生态、保可持续利用"的目标尚有距离。湖泊保护的五保中，核心是保生态。

一、梁子湖区政府和梁子湖的调研

（一）调研概况

2014 年 7 月 7 日，笔者到鄂州市梁子湖区政府调研，了解梁子湖生态保护的情况。梁子湖区区委常委、宣传部蔡部长以及区水务局局长、环保局局长、农业局局长、生态办主任等参与座谈。笔者与相关领导进行了 2 个小时的座谈，之后参观了梁子湖区的生态农业和农村生活污水处理设施，观摩了梁子湖的水情和风光。

梁子湖流域跨武汉、鄂州、黄石、咸宁 4 市，蓄水量约 6.5 亿 ~ 8 亿立

方米，水面面积 271 平方公里，主要分布在鄂州和武汉，其中鄂州面积 113 平方公里。梁子湖的出水口及旅游胜地梁子岛位于鄂州辖区。梁子湖区即因梁子湖而得名。梁子湖水面面积仅次于洪湖，位居全省第二，蓄水量全省第一。梁子湖是我国大湖中保护较好的湖泊之一，水质以 2~3 类为主，部分水域水质为 1 类。

（二）梁子湖的管理体制与保护措施

1. 管理体制

梁子湖是重要的跨区域湖泊，管理体制上是省市共管。省里由湖北省水产局下属的梁子湖管理局管理，其职能是"维护梁子湖渔业生产秩序、执行《梁子湖环境保护规划》等法律法规，开展日常巡查"。梁子湖区水务部门负责鄂州所辖湖区的湖泊保护巡查。鄂州市高度重视梁子湖的生态保护，市委书记任湖泊负责人，梁子湖区委书记任湖长，明确了梁子湖各子湖的负责人及临湖各乡镇的岸线长。

2. 湖泊保护的措施

鄂州市和梁子湖区领导高度重视梁子湖的生态保护工作，市委书记李兵提出把梁子湖创建为全国生态文明示范区，实现"四区同创"（全国生态区、全国旅游标准化示范区、全国有机产品认证示范区、全国文明城区）。梁子湖区政府主要做了四个加减法工程。一是上游做减法，下游做加法。减轻上游环湖地区经济、人口承载量。调减上游建设地，将其布局基本农田实现耕地向梁子湖上游承雨区内集中，重点发展生态农业、观光农业，依托梧桐湖新区发展生态旅游、科技研发和文化创意等产业。二是传统产业做减法，新兴产业做加法。一般工业做减法，生态产业做加法。全区退出一般工业。三是解决水患做减法，巩固水利做加法。推进了梁子湖岸线整治、梁子湖东水土保持、梧桐湖区域梁子湖水生态系统修复及"两湖连通"等工程，综合治理了徐桥港、幸福河、子坛港、谢埠港等入湖河道。四是水面生态负担做减法，生态修复做加法。实施水生植被修复工程，农业面源污染治理工程，工业污染防治工程，生活垃圾处理工程，旅游污染治理工程。这四个加减法工程和梁子湖生态保护"五大工程"被誉为"梁子湖环保模式"，使梁子湖生态环保提高到了一个新的水平。2011年4月24日，在北京结束的全国九大重点湖泊生态安全调查与评估验收会上，梁子湖获得"最安全"的评价，居各湖生态安全之首。

3. 生态补偿政策

为加大生态环境保护力度，加快生态文明示范区建设，引导和推动省、市建立落实梁子湖生态补偿机制，梁子湖区委、区政府决定通过"以奖代补"试行实施生态补偿，制定了具体的实施办法。生态补偿的原则：统筹区域协调发展的原则，责、权、利相统一的原则，突出重点分步推进的原则，政府主导与市场运作相结合的原则。建立区级"以奖代补"生态补偿基金，区级财政每年注入资金600万元，当年未使用完资金结转累计使用，今后视基金累积和生态文明建设进展情况相应调整"以奖代补"项目与标准。各镇应相应列支生态补偿"以奖代补"资金，加强奖补。"以奖代补"包括不同的项目与标准，如各镇关停、改造破坏生态、污染环境的工业和禽畜养殖项目奖励资金总额90万元；各镇美丽乡村建设奖励资金总额125万元；各镇河港整治奖励资金总额50万元；各镇三边植树、生态路建设、绿化造林奖励资金总额25万元；垃圾收集、清运奖励资金总额30万元，每个镇（新区）各5万元；各镇创建生态村镇奖励资金总额40万元。

（三）梁子湖管理和保护面临的问题

一是地方政府与梁子湖管理局的矛盾。梁子湖管理局的主要职能是渔政管理，兼负执行《梁子湖环境保护规划》等法律法规、开展日常巡查的职能，但主要职能是水产行业管理。梁了湖作为重要水产基地，要为湖北省多年淡水养殖居全国第一作出贡献，同时也对围栏养殖户收取管理费，为捕鱼的渔民颁发执照并收费。可以说，梁子湖管理局兼有湖泊开发和保护的两种职能，而过度的开发往往会破坏湖泊生态。地方政府只能管湖岸的污染而没有湖面的执法权，对围栏养殖等《条例》禁止的行为无能为力。

二是梁子湖区政府与梁子湖周边政府的矛盾。梁子湖是跨区域湖泊，上游水源来源于黄石和咸宁等地，上游水源的质量直接影响梁子湖的水质。咸宁市咸安区是梁子湖的水源地之一，提供着梁子湖30%以上的上游来水，这些来水通过高桥河汇入梁子湖。资料显示，麻加工产业是咸安的支柱产业，这些企业每年排放废水 300 多万吨，废水未经任何处理就直接排放到高桥河里，其中 pH 值、化学需氧量、悬浮物等指标超过国家标准上百倍，对下游的梁子湖水域构成了严重威胁。近年来，在湖北省委、省政府的统一领导下，确定了梁子湖"保护第一，合理利用"的方针，对流域内的小造纸、小酿造、小化工、小纺织等污染严重的企业进行了关停和取缔，取得了一定成果。但成果并不巩固，常常有污染企业回潮的现象。如梁子湖区水务局长反映，曾经为了调查上游企业的排污，被企业管理者威胁。针对这个问题，梁子湖区蔡部长提出由省环保部门或水务部门协调，建立区域交界处的断面监测机制，以明确和追究各地域排污的责任。

三是生态保护的资金压力。梁子湖区在鄂州市和湖北省是一个财政穷区，为梁子湖保护和生态文明建设作出了巨大的努力。如全面退出一般工业，对该区的税收和就业都有大的影响。座谈中，梁子湖区政府的官员都表示生态保护的最大困难是财政压力。关于梁子湖的治理，国家、省市都分担了部分资金，如 2011 年财政部、环保部首次开展湖泊保护试点，梁子湖在 20 个候选湖泊中排名第一，最终成为全国首批 8 个试点湖泊之一，在 9 亿元项目资金中占 1.6 亿元，其中分配给梁子湖区政府 4000 多万元。另外，梁子湖区政府自筹财政资金 600 万元，用于生态补偿的"以奖代补"。这些资金对于梁子湖的保护以及梁子湖区的发展和民生保障只能说是杯水车薪。

二、鄂州市湖泊管理局和三山湖的调研

（一）调研概况

2014 年 7 月 14~16 日，笔者到鄂州市调研，了解鄂州市对《条例》的贯彻实施情况，以及三山湖的管理和保护。调研过程中，和鄂州市湖泊管理局的高局长进行了座谈，走访了武昌鱼集团和三山村，参观了三山湖的围栏养殖和生态旅游。

三山湖跨鄂州市和黄石大冶市，属沉溺型洼地滞积湖，因湖中有三座

小山而得名。三座小山原本立于湖心，四面环水，由于20世纪60年代大兴围湖造田，湖面逐渐缩小，三山如今已与陆岸上相连，形成一个半岛。水位20.0米，长10.7公里，最大宽8.8公里，平均宽2.3公里。原有面积73.2平方公里，围垦后现有面积24.3平方公里。最大水深4.8米，平均水深2.8米，蓄水量0.68亿立方米。湖水依赖地表径流和湖面降水补给，汛期有梁子湖、保安湖湖水注入。出流经新港于樊口大闸排入长江。

（二）鄂州市湖泊管理和保护的相关政策

鄂州市高度重视湖泊管理和保护工作。市政府成立了湖泊保护与管理领导小组，由市长担任组长，分管副市长任副组长，市发改、国土资源、水利、林业、农业等相关部门为成员单位，定期或不定期地研究湖泊保护工作，决策和协调重大事项。市下辖各区均相应成立了工作领导小组。在编制极为紧张的情况下，鄂州市于2013年10月成立湖泊管理局，依法管理和保护湖泊，湖泊保护地位得到充分体现。截至2014年底，湖北省的各地市州中，只有武汉市和鄂州市成立了湖泊管理局。除成立湖泊管理局外，鄂州市始终坚持依法治湖原则，积极推进湖泊保护法制建设，努力将湖泊保护与管理纳入法制化轨道，出台了《关于实行最严格水资源管理制度的意见》《实行最严格水资源管理制度实施方案》《实行最严格水资源管理制度考核办法》，将水资源管理纳入了制度轨道。《鄂州市湖泊保护实施细则》已征求意见完毕，正提请市人大审议。此外，还建立了湖泊保护管理联席会议制度，定期或不定期地协调涉湖事项，有效保障了湖泊保护与管理工作的顺利进行。

（三）鄂州市湖泊管理局的职能与困惑

访谈中，湖泊管理局高局长着重谈了管理中面临的两大问题。一是湖泊管理局刚刚成立，人员、编制和经费紧张，欠缺执法资源和能力，很难起到保护湖泊的作用。如全局包括局长在内只有4个人，湖泊管理局挂靠在市水务局，需要依靠水务局其他部门的执法力量，湖泊管理局本身的机构和职能没有理顺。因此，高局长提出借鉴武汉市的经验，成立独立的强有力的湖泊管理局。二是湖泊管理的条块分割问题。鄂州市的湖泊中，管理单位五花八门:有的是地方政府,如五四湖由华容区政府管理;有的是建设部门,如洋澜湖由市园林局下属的洋澜湖风景管理处管理;有的则是水产部门管理,如三山湖,由水产局下属的武昌鱼集团管理。此外,高局长还谈到一些湖泊由林业部门下属的湿地管理部门管理。九龙治水的管理体制,不同管理部门有不同的管理职能,使用不同的法律法规,存在不同的部门利益,被管理者无所适从,降低了管理效率,不利于实现湖泊生态保护这个重要目的。因此,高局长建议,按照《条例》的要求,由水务部门主要负责湖泊管理,按照省湖泊管理局熊局长的要求,在湖泊资源丰富的市、县区成立专门的湖泊管理机构。为了适应中央要求的不增加机构和编制的精神,高局长建议成立湖泊管理局不必增加编制,可以由原来的其他的湖泊管理部门转变职能转岗为专门的湖泊管理机构。如水产局,已经有了现成的机构、办公场所、人员和执法力量,水产局完全可以转变职能转岗为湖泊管理局,其职能从生产开发为主转变为湖泊保护为主。高局长作了精彩的比喻,以前的大兴安岭等林业部门的职能主要是砍树,后来因为生态保护的需要,职能从砍树为主变成种树为主。

(四) 三山湖管理和保护面临的问题

2014年4月,鄂州市委办、市政府办联合下发通知,明确该市领导干部挂点联系湖泊(水库)保护,其中市委书记李兵负责梁子湖的保护、市长叶贤林负责三山湖的保护。从管理体制上讲,三山湖的管理单位是市水产局代管的武昌鱼集团,水务部门负责湖泊的保护巡查。此外,三山湖是跨区域湖泊,部分湖面归黄石大冶市管理。目前,鄂州与大冶相关管理部门的联动主要体现在划清两地的湖面界限上。历史上,两地渔民为争夺湖面经常发生冲突,甚至导致命案发生。1994年后,两地水产部门本着"尊重历史,面对现实,谁开发,谁利用,谁受益"的原则,双方约定,湖界处筑起一道高高的围网,画地为牢,一边属鄂州,一边属大冶,从此相安无事。

三山湖保护存在两个方面的问题。一是水生态污染,水质变差,从20世纪的2类水下降到现在的3~4类水。水生态污染有三大原因。其一是围栏养殖。整个湖面70%都成了围栏养殖区。围栏养殖是一种掠夺性的水产养殖方式，密集的螃蟹和鱼类投放吃光了维系水生态的水草，依靠投喂饲料等方式养殖造成了湖水的富营养化。其二是周边的武钢程潮铁矿等企业排污污染了湖水。其三是近 10 来年的旅游和餐饮业对湖水的污染。2003 年，为拓宽村民的致富门路，三山湖兴起旅游开发热潮，湖边建起餐饮娱乐游船，发展摘菱、采莲、撒网捕鱼等多项渔家游乐活动，年接待游客 30 万人次左右，创旅游收入 8000 多万元，村民人均纯收入达到 1.6 万元。声名渐起的三山村，已入选为全省 100 个旅游名村之列。目前，游乐项目尚处在游生态、吃生态的初级阶段。第二方面是湖面萎缩的问题。新中国成立初因围湖造田，三山湖的面积大幅萎缩，这也是大部分湖泊的共同命运。近年来则主要是人与湖争地，围湖造池。沿着湖堤是密密麻麻的围湖造池，湖岸线向湖中心不断延伸。另外一些子湖和湖汊被填后拟用于建房或开发旅游项目。三山湖的一个面积达数千亩的子湖——移山湖已被围垦过半，甚至三山村委会一度提出把移山湖全面围垦造池以解决村民的生产和就业问题。

现阶段，三山湖生态保护面临的最大问题是围栏养殖，笔者为此走访了武昌鱼集团的领导和围栏养殖的老板。武昌鱼集团老总表示，集团作为水产局的下属企业代表市政府对三山湖、走马湖、花家湖等湖泊进行水产养殖管理，[①] 与围栏养殖户之间采取的是合同式管理，养殖户每亩每年上缴约 20 元管理费，取得养殖资格，合同期限不等，一般为 10 年以上。合同期满后大都进行了续签，现在的围栏有的临近合同期，有的还有几年时间。围栏养殖在 20 世纪末是政府支持的一种产业模式，快速发展，围栏面积达湖面的 70%，大大超出了当时的渔业法规规定的 10% 的比例。武昌鱼集团主要负责收管理费，管理费也是集团收入来源之一。至于《条例》要求的拆除围栏，他们也知道，但表示要由市政府统一安排，而且合同期未到的围栏不能拆除，否则违反了《合同法》。三山村承包围栏养殖的吴老板介绍，他的围栏约有 1000 亩面积，2001 年投资兴建，当年采取股份制的形式

---

① 1999 年鄂州市为推动武昌鱼集团上市，三山湖等优质资产打包交由武昌鱼集团管理。

集资约 15 万元建成，投入成本包括栏杆、围网、渔船、围栏施工等，与武昌鱼集团签订了 2 轮共计 20 年的合同，2021 年到期。围栏的经营状况是，每年上缴管理费 2 万元，7 个职工工资成本约 15 万元，鱼蟹种苗、饲料及维护投入约 10 万元，以螃蟹养殖为主，经营收入为 30 万 ~50 万元，利润在股东之间按投资比例分配。对于拆除围栏的事，吴老板根本不知道有这个法律规定，且认为三山湖是祖祖辈辈留下来的湖，靠湖吃湖是天经地义的，合同没到期不可能拆，合同到期了也不愿意拆。围栏拆了，他们的饭碗和营生如何保证？当然，吴老板也不否认大面积的围栏养殖影响了三山湖的景观，损害了水质。

三、黄石市大冶湖管理处和大冶湖的调研

（一）调研概况

2014 年 7 月 18 日，笔者赴黄石市大冶湖管理处调研。调研过程中，与管理处刘处长进行了座谈，之后乘坐管理处的快艇巡湖 2 个小时，现场考察了大冶湖的围栏养殖和生态风光。

大冶湖位于大冶市区东南部，古称源湖、金湖。大冶湖是个聚宝盆，湖底和四周蕴藏有大量的金矿，古时湖中有淘金井，金湖的名字由此演化而来。在远古时是一条内流河，从西向东，横贯大冶市中部腹地，流入长江，后来河底淤塞，河床拓宽，形成了一个狭长的湖泊。《大冶县志》记载，1960 年，大冶湖自然状态下的水面，为 25 万亩。10 年后，大冶调集劳力围垦大冶湖，截至 1972 年，共建成垦区 27 个，侵占湖面 15 万亩。截至 2012 年，大冶湖仅剩 9.6 万亩。

（二）大冶湖的水质及污染源

按照湖北省水功能区划，大冶湖内湖为一般鱼类保护区，执行Ⅲ类标准；外湖为集中式生活饮用水源地一级保护区，执行Ⅱ类标准，但目前差距甚大。大冶市环保局提供的数据显示：2011 年大冶湖水质以劣Ⅴ类为主。大冶市环保局环境监测站的监测数据显示：2000—2009 年 10 年中，大冶湖没有Ⅰ类、Ⅱ类水体，在 334 个监测水点中，Ⅲ类水体仅占 12.3%，而劣

Ⅴ类却高达 65.7%，即大冶湖水质以劣Ⅴ类为主，局部地区为Ⅲ—Ⅴ类，其中，尤以大冶湖的子湖三里七湖污染最为严重。过去十年 75 次采样监测，均为劣Ⅴ类水质。专家认为，环湖地区经济快速发展，以湖水水质下降为代价，工矿业污染、生活污染，以及农业来源污染是导致大冶湖水变差的主要原因。历史数据显示，大冶湖流域一度共有 343 家企业排放污水，其中重点污染源 115 家，每天污水排放量 3 万~5 万吨。同时，大冶湖流域产生固体废弃物的企业有 400 家以上，倾倒的固体废弃物主要有尾矿、冶炼废渣、炉渣、粉煤灰、煤矸石等。排放行业主要是有色矿采选、黑色矿采选、有色金属冶炼、黑色金属冶炼、火力发电和煤矿开采。生活污水污染是造成大冶湖水质变差的另一个原因。2007 年，大冶湖流域城镇总人口接近 25 万人，生活污水年排放总量为 1547 万吨，其中超过 50% 排入大冶湖。同时，大冶湖流域农村总人口 35.82 万人，年排放生活污水 1046 万吨，也有部分排入大冶湖。此外，大冶湖流域的种植业、畜禽养殖业、水产养殖业等农业，所排放出来的污染物，对大冶湖水质也造成影响。

（三）黄石市保护大冶湖的举措

近年来，黄石市市民中"保护母亲湖""拯救大冶湖"的声音越来越响亮。黄石市第十二次党代会召开期间，时任市委书记王建鸣赴大冶代表团参与讨论时特意谈到大冶湖保护问题："天大的事都没有这个大！"。黄石市市长杨晓波表态："保护湖泊是常识。我们要把她们留下来。"2009 年 11 月 14 日，黄石市印发《市人民政府关于禁止在大冶湖水域滩涂非法围垦、填湖筑堤的通告》，对在大冶湖水域滩涂非法围垦、填湖筑堤等事项作出了明令禁止。《通告》要求，沿湖乡镇、村组及有关单位不得以任何理由、任何方式将大冶湖的水域滩涂发包给单位或个人进行围垦经营。同时，任何单位或个人未经市水利水产行政主管部门批准，不得擅自在大冶湖水域滩涂从事填筑堤坝、开挖鱼池、修建港口码头及休闲娱乐场所等有关建设；严禁以开发建设为目的的各类填湖造地行为；禁止向大冶湖倾倒废弃物品和垃圾。2011 年 1 月，市人大常委会作出《关于加强大冶湖保护工作的决议》，并出台了《黄石市大冶湖管理暂行办法》和《落实市人大常委会〈关于加强大冶湖保护工作的决议〉具体工作方案》。2012 年，根据《条例》，对《黄石市大冶湖管理暂行办法》进行了修改和完善。为加强联动，黄石市成立了大冶湖保护工作领导小组。市长任组长，大冶、阳新、西塞山、下陆、铁山、开发区等县（市）区，发展改革委、水利、国土、规划、环保等 15 家市直部门作为成员共同参与。

2013 年以来，大冶湖区域的发展和保护面临着新的历史时期。2013 年 4 月 30 日，黄石市委、市政府作出发展决策：跨越黄荆山，建设大冶湖生态新区。黄石于 1950 年 8 月建市，60 余年来城市建设先沿长江而行，再环绕磁湖展开。现今的城市中心受限于长江和黄荆山脉，急需拓展新的发展空间。推进环大冶湖新区开发，标志着黄石城市格局开始第三次跨越，新区建设将加快大冶、阳新等地的城市化、同城化进程。新区的建设，意味着大冶湖会从以水产养殖为主的乡村湖泊变成以生态景观功能为主的城中湖，可能会取代武汉的东湖和汤逊湖成为亚洲最大的城中湖，这对大冶湖的保护既是机遇，也是压力。机遇是会得到更多的重视和政策、资金的支持，问题在于城市化后更大的排污和治污压力。

（四）大冶湖管理处的职能运行

2008 年，大冶湖管理站由湖北省水产局管理变更为黄石市管理，成为黄石市水产水利局下属的正科级事业单位，负责大冶湖的渔政和水政管理，编制 17 人，财政年拨款 70 万元。渔政管理体现在渔业管理，对围栏养殖和渔民捕捞实施行政许可，收管理费，对非法捕鱼（如迷魂阵）进行监管执法。水政管理主要是巡查非法填湖。管理处工作人员每周开巡逻艇巡湖 1～2 次，巡逻艇由国家农业部出资购买，每次巡湖需要约 8 个小时。巡湖主要是检查非法捕鱼和岸边的填湖和围湖。非法捕鱼可以当场执法，如拖走迷魂阵或罚款，填湖和围湖则是在巡逻艇中目测后上岸驱车赴事发地取证，之后报请湖泊所在地地方政府处理，管理处本身没有岸上的执法权。近年来，管理处的职能重心正日益从渔政管理走向水政管理。

（五）大冶湖管理和保护面临的两大难题

一是管理体制机制上的问题。其一是多头管理的问题。大冶湖界跨大冶市、阳新县、西塞山区和黄石开发区，包括18个乡镇街办，域内人口超过60万人，各地都在围绕大冶湖"做文章"，从湖水中分"一杯羹"。同时，因大冶湖具有蓄洪、水产养殖、航运、灌溉、休闲旅游等多种功能，直接参与大冶湖管理的有水利、水产、环保、国土、城建等十多个部门，每个部门都按照自己的意愿和法规去管理大冶湖，推诿现象不免发生。这种条块分割的管理格局，地区、部门之间尚未形成有序高效的运行机制，致使大冶湖"都在管，又都管不到位"。黄石市水利水务局副局长张亚洲认为："管理机构及部门不统一、职权不明，导致出现'九龙管不好一个湖'的现象。"其二是大冶湖管理处的管理和执法权限问题。大冶湖管理处是大冶湖的直接管理机构，却时常出现"小马拉大车"的尴尬局面。管理处是一个科级单位，职工10余人。管理处刘处长感慨，去协调两个乡镇的工作，"人家都懒得理睬"。面对个体，执法也难。非法填湖人员经常与他们"躲猫猫""当面答应不填了，一离开又开始填"。更难的是面向政府，如2010—2013年，大冶一中校园扩建工程填湖60余亩，大冶客运站工程填湖40余亩，这两个政府建设的公共工程填湖100余亩，未经过上级政府和水产水利部门的批准，直接违反了2009年黄石市《市人民政府关于禁止在大冶湖水域滩涂非法围垦、填湖筑堤的通告》和2012年《条例》，可以说是非法填湖。对这种政府违法，管理处进行了监督，向湖北省和黄石市反映和举报，都无力改变现状。其三，管理处下一步的改革。刘处长透露，黄石市水产水利部门在酝酿改革，大冶湖管理处可能会合并到渔政处。刘处长对这种动向表示担忧，希望黄石市像武汉市一样成立独立的湖泊管理局，管理处在湖泊管理局的领导下履行对大冶湖的管理和保护职能，重点是保护。[①]

二是大冶湖的围栏养殖问题。刘处长介绍，2010年以来，黄石市对大冶湖周边的企业排污进行了力度较大的整顿，大冶湖的工业排污明显好转，水质也在好转，目前影响大冶湖生态的主要问题是围栏养殖。大冶湖的9万

---

① 2012年5月，黄石市编委同意黄石市水利水产局加挂"黄石市湖泊管理局"牌子，但其湖泊管理局并未独立实际运作。

多亩面积中，围栏养殖6.1万亩，将近占湖面的70%，一般的围栏面积在1000亩以上，大型围栏超过4000亩。管理处依据相关渔业法规对围栏养殖户征收渔业资源增殖保护费，一般养殖每年每亩15元，混养25元，名特优产品养殖45元，每年收费约150万元，上缴给财政部门，财政部门再根据管理处的支出状况予以返还。刘处长介绍，围栏养殖户一般在经营合同期内，难以拆除。同时，大冶湖区域还有4个渔业村，2400～2500人，没有土地，自古以湖为生，这些人也是围栏养殖的大户，拆围后他们将失去生活来源。尽管有这些困难，黄石市还是按照《条例》的要求，制订了3年（2013—2015年）拆完围栏的计划，并请湖北省水产科学研究所的科研人员制订了详细的拆围项目方案。访谈时是2014年7月，离黄石市的3年计划过了一半，但拆围工作还没有实际启动。

四、加强湖北省湖泊保护的若干建议

（一）明确湖泊管理"保护优先"的共识

近年来，各级政府越来越重视湖泊保护，提出了诸多湖泊保护的原则和政策。如2012年，国家环保部提出优先保护水质良好和生态脆弱的江河湖泊，在"十二五"期间，按照重点突出、择优保护、一湖一策、绩效管理的原则，完成30个湖泊的生态环境保护任务，进一步明确"优质湖泊优先保护"的工作思路。"优质湖泊优先保护"与以前的对滇池、太湖等严重污染的湖泊集中治理相比，体现了由"先污染后治理"到"防患未然、源头治理"的思路变革。笔者认为，"优质湖泊优先保护"可能是国家基于资源约束的一种策略性制度安排，"优质湖泊优先保护"应向"所有湖泊都需保护"过渡。在湖泊管理的"利用"和"保护"中，应明确"保护优先"的共识。湖泊保护的"保面（容）积、保水质、保功能、保生态、保可持续利用"五个目标中，应以生态保护为湖泊保护的核心和优先目标，也就是说，在保生态的前提下去利用湖泊。第一，保生态是其他几个保护的基础，没有良好的生态，就谈不上良好的水质和湖泊的可持续利用。第二，保生态是我国发展到"生态文明建设"阶段社会和居民对良好生态环境的必然需求。第三，目前湖泊保护的深层次矛盾是湖泊利用如水产养殖、填湖造地与生态保护之间的矛盾，不能达成湖泊保护中"生态优先"的共识，对湖泊的过度利用是破坏湖泊生态环境和影响水质的根本原因。

（二）理顺湖泊保护的管理体制

调研中发现，涉及湖泊管理的政府部门有水利、环保、农业、林业、水产、建设等部门。如梁子湖主要由省农业厅下属的梁子湖管理局管理，三山湖由鄂州市水产局及武昌鱼集团管理，大冶湖由黄石市水利水产局下属的大冶湖管理处管理（管理处有可能合并到渔政处）。可以看出，对这些湖泊的管理主要是水产和渔政管理，也就是说管理的重心是对湖泊的"利用"而非"保护"。建议按照《条例》的要求，理顺湖泊保护的管理体制，以水利部门为湖泊保护的主管部门，环保部门和农业部门协作参与湖泊的污染治理，环保部门负责点源污染治理，农业部门负责面源污染治理。湖泊资源丰富的地市，成立湖泊管理局，专司湖泊保护的行政管理职能。在不增加编制和机构等增量资源的前提下，对存量资源进行调整和重配，建议水产局等行业管理部门转岗为湖泊保护机构，同时履行湖泊保护和生产管理职能，当然是在保生态的前提下合理发展水产业。

（三）推进湖泊保护的跨区域治理

梁子湖、三山湖和大冶湖都是跨区域湖泊。梁子湖流域跨武汉、鄂州、咸宁、黄石四市，湖面跨武汉、鄂州两市。三山湖水域跨鄂州和黄石两市。大冶湖则跨黄石市内的黄石城区和大冶市、阳新县。由于各地的发展程度不同，在湖泊利用和保护中的利益和责任的差异，使跨区域治理成为江河湖泊治理中的难题。基于此，往往需要跨区域地域的共同上级政府来实施协调，如湖北省政府统一协调环梁子湖四市尤其是上游区域对严重污染企业的关停并转。针对跨区域湖泊，应因地制宜，一湖一策，实施不同的治理方式。如大冶湖，由黄石市政府统一领导协调湖泊保护工作。三山湖因70%的湖面在鄂州市，实施以鄂州市为主、黄石市协作的治理方式。对梁子湖这样的重要的跨区域湖泊，宜由省政府以行政立法的形式直接管理。目前，《湖北省梁子湖保护条例》正处于立法进程之中，期望该条例能为梁子湖保护提供一个跨区域、跨部门和跨政府层级的协同治理框架。其他的重要湖泊，也都涉及协同治理问题，应仿效梁子湖实行立法保护，一湖一法。

（四）加大湖泊保护的投入力度

湖泊保护具有显著的正外部性，生态补偿和政府投入是题中之意。调研中发现，梁子湖、三山湖和大冶湖保护都面临着资金不足的问题。梁子湖区作为经济落后地区，为了保护梁子湖这个武汉市和湖北省战略水源地作出了巨大的努力，如全面退出一般工业，大力推进面源污染治理。梁子湖区级财政设立了每年 600 万元"以奖代补"的生态补偿基金，这笔基金对于梁子湖的保护无异于杯水车薪。2009 年 8 月 8 日，《大冶湖水环境综合整治规划》正式通过专家评审。该规划含 75 个项目，包括湖泊修复、港渠整治、工业污水处理、工业重金属污染处理、工业固废处理、入湖河港整治、养殖废水处理、集镇生活污水处理、农业面源污染治理等，投资概算20.31 亿元。[1]大冶湖和三山湖的拆围工作之所以进展艰难，最大的问题就是对围栏养殖户的资金补偿。此外，大冶湖还涉及 2400～2500 人的渔业村村民的安置工作。国家和湖北省为洪湖和梁子湖的拆围投入了大量资金，但几年之后又因渔民的生计问题围栏养殖有卷土重来的势头。基于此，对湖泊保护的重视不能停留在口头上，需要巨额的生态补偿资金投入。生态补偿资金应在湖北省和国家的层次上筹措，在政府预算内列支。除了上级政府的纵向资金投入外，跨区域的政府之间也应根据湖泊保护中各自的得失实施横向的生态补偿。这方面国内已有成功的先例，如浙江省水权交易中的东阳—义乌模式，河北省"污染者付费，受益者补偿"的"子牙河补偿模式"。

参考文献

易建新，陶忠辉. 大冶湖病重：水质恶化，面临生态灾难［N］. 湖北日报，2013 - 06 - 23.